punctum 014

Guillaume Paoli
Soziale Gelbsucht

Mit Fotografien von
»Plein le dos«

Matthes & Seitz Berlin

Inhalt

Per definitionem ist ein Ereignis unvorhersehbar. Überraschend hält es Einzug in die Wirklichkeit. Und doch geschieht es nicht durch Zufall. Im Nachhinein lassen sich Kausalketten rekonstruieren, doch das Ereignis sprengt die herkömmlichen Interpretationen. Es lässt sich mithilfe der Kategorien, die vor ihm galten, nicht begreifen und wird daher von allen missverstanden, die auf vorgefertigten Meinungen beharren. Zudem ist das Ereignis unberechenbar. Es verläuft nicht nach Plan. Niemand kann erahnen, wo es hinsteuert. Seine Dynamik besteht aus der Entfaltung von Ambivalenzen und Widersprüchen. Für alle Verfechter des Status quo ist das Ereignis ein Skandal. Zu ihrer Empörung werden Zustände angefochten, mit denen sie sich wohl oder übel abgefunden haben.

Ohne Zweifel ist die Bewegung der Gilets Jaunes, der Gelbwesten, die seit November 2018 Frankreich aufmischt, ein solches Ereignis. Einzigartig ist sie in vielerlei Hinsicht. Einfache Frauen und Männer verbünden sich selbstständig und lehnen Leader prinzipiell ab. Sie erfinden neue Formen des Protests und begeben sich zu den Brennpunkten der Gegenwart. Sie erörtern die ökologische Krise wie die sozialen Missstände, die räumliche Exklusion wie die Antiquiertheit institutioneller Politik. Beispiellos ist auch die Dauerhaftigkeit dieser Bewegung trotz brutaler Repression und massiven Eingriffen in die Bürgerrechte vonseiten der liberal-autoritären Regierung.

Selten wurde ein Geschehnis so systematisch verunglimpft und verleumdet. Auch in deutschen Medien werden die Gilets Jaunes pauschal als rechter, antisemitischer, hasserfüllter Mob diffamiert. Es geht nicht darum, diese Bewegung unkritisch zu loben, sondern ihrem Versuch gerecht zu werden und ihre Entschlossenheit zu zeigen, das Leben in die eigenen Hände zu nehmen. Die soziale Frage ist zurück. Für die Regierenden lautet sie: Wie lässt sich eine Politik gegen den Willen der großen Mehrheit durchsetzen? Für die Bürger: Wie kann man sich dem unheilvollen Gang der Dinge effektiv widersetzen? Diese Fragen stellen sich überall.

Ich verzichte im Folgenden auf Quellenangaben, die den Text mit vielen Fußnoten erschwert hätten, zumal die Bücher, Zeitungsartikel, Internetseiten und Fernsehvideos, die ich verwendet habe, allesamt auf Französisch sind. Ich versichere jedoch, dass alle Zitate und Darstellungen belegt sind, und stelle mich Faktencheckern zur Verfügung, falls sie an der Wahrhaftigkeit meiner Informationen zweifeln.

Die Wiederkehr der Grande Peur

Am Morgen des Samstags, 8. Dezember 2018 war der Élysée-Palast, Amtssitz des Staatspräsidenten der französischen Republik, in höchstem Alarmzustand. In den prächtigen Salons verkehrten keine Gäste, stattdessen waren dort zusätzlich zur üblichen Präsidialgarde fünfhundert Wachen des 1. Infanterieregiments stationiert. Die Gattin des Präsidenten sowie die Mitarbeiter im Bereitschaftsdienst wurden zu einem sonst hermetisch abgeriegelten Sektor des Palastes begleitet: in den für den Atomkriegsfall eingerichteten Generalstabsbunker. Dort, wurde ihnen gesagt, sollten sie Zuflucht suchen, falls etwas schiefginge. Um den Präsidenten Emmanuel Macron selbst zu evakuieren, stand im Garten ein Hubschrauber bereit. Später werden Zeugen erzählen, wie blass und ratlos Macron in diesen Stunden aussah. Auch die Ministerien waren menschenleer. Am Tag davor hatten alle Mitarbeiter die Anweisung bekommen, »wegen Lebensgefahr« nach Hause zu gehen, dabei ihre Computer sowie alle vertraulichen Akten mitzunehmen. Draußen auf den Straßen rollten Panzer der Gendarmerie, achttausend Ordnungskräfte waren im Einsatz. Auf Dächern der

Champs-Élysées wurden Sniper der Polizei gesichtet. Bereits am frühen Morgen fanden Hunderte Präventivfestnahmen statt. Kurzum: Es herrschten Zustände, die in einem parlamentarisch-demokratisch regierten Land der Europäischen Union kurz zuvor noch als vollkommen unvorstellbar galten. Der Staatsapparat war in regelrechte Panik geraten. Mit Tränengaswolken gemischt, schwebte über Paris ein aufständischer Hauch, wie man ihn sonst nur aus Geschichtsbüchern kennt. Der Grund: Seit einigen Tagen war auf Webseiten der Gilets Jaunes zu einem »Marsch auf das Élysée« aufgerufen worden. Gefragt im Fernsehen, was die Demonstranten tun würden, falls sie zum Palast gelängen, antwortete einer ihrer Wortführer lässig: »Wir gehen rein.« Die Absicht wurde sehr ernst genommen. Schließlich kursierten ebenfalls im Internet Pläne des Kanalisationsnetzes rund um den Präsidialsitz. Doch die angekündigte Erstürmung blieb aus. Obschon an jenem Tag die Hauptstadt ein weiteres Mal Tumult und Straßenkämpfe erlebte, ließ man das amtliche Zentrum der Republik unangetastet. Entscheidend ist aber, dass ein solcher Angriff für möglich gehalten worden war. Nach den Ereignissen der vorangegangenen Tage schien zu diesem Zeitpunkt beinah alles möglich.

Da ihr Protest mit der Besetzung von Kreisverkehrsinseln begonnen hatte, hielten es die Gilets Jaunes für selbstverständlich, am 1. Dezember ihre zentrale Kundgebung auf der berühmtesten Kreisverkehrsinsel des Landes abzuhalten, nämlich dem Place Charles-de-Gaulle, im Schatten des Arc de Triomphe. Bereits eine Woche zuvor hatten sie auf den Champs-Élysées gewütet. Das war ein Novum in der langen Sozialgeschichte der Stadt. Tradierte Stätten des Protests liegen weiter östlich, das Platzdreieck Bastille-Nation-République, das Quartier Latin, allenfalls noch die Nationalversammlung. Der vornehme Nordwesten ist nur Touristen einen Besuch wert. Jetzt waren jedoch kaum Stadtbewohner involviert. Die Provinz war nämlich in die Hauptstadt gezogen, Menschen, die weder mit der historischen Tradition noch der lokalen Geographie vertraut waren. Die Polizei versuchte, das heilige Wahrzeichen der Nation vor den Eindringlingen zu schützen, wurde allerdings von der Heftigkeit der Gegenwehr überrascht. Die Szene war umso bizarrer, als die Wütenden in Gelbwesten, während sie die Ordnungskräfte mit Pflastersteinen bewarfen, die trikolore Fahne schwenkten und die Marseillaise sangen. »Zu den Waffen, Citoyens«, plötzlich erinnerte die Nationalhymne wieder an ihren revolutionären Ursprung. Dann geschah ein unerhörter Skandal. Der Arc de Triomphe, zweifelhafte Ehrerbietung der Restauration an die revolutionären und napoleonischen Kriege, Obdach der ewigen Flamme des Militarismus, wurde geschändet. Ein Bild ging um die Welt: Am Relief der Marianne, kitschigem Gipskonterfei des Delacroix-Gemäldes »Die Freiheit führt das Volk«, klaffte ein großes Loch anstelle des Auges – rein ästhetisch gesehen eine gelungene Nachbesserung. Womöglich wurde die Nationalfigur versehentlich von einer Plastikkugel der Polizei getroffen, in welchem Fall das beschädigte Gesicht als das einer empörten Wahrsagerin zu betrachten wäre. In den nachfolgenden Wochen werden über zwanzig Menschen durch Polizeischüsse ein Auge verlieren, ohne dieselbe Empörung auszulösen wie die ungeklärte Denkmalschändung. Im Laufe des Tages überschwemmte die Menge die umliegenden 16. und 8. Arrondissements, jene vornehmsten Wohngebiete des Landes, wo der Quadratmeterpreis höher ist als das Jahreseinkommen einer Krankenpflegerin. Luxusautos und gar eine Villa wurden in Brand gesteckt, Prachtläden und Banken verwüstet. Zweifellos hatten extremistische Grüppchen ihren Anteil an dem Krawall, am Triumphbogen eher Faschisten und gar Royalisten, später Antifas und Linksautonome. Doch ließ die Identität der zahlreichen Festgenommenen keinen Zweifel an der plebejischen Herkunft der allgemeinen Zusammensetzung. Es waren Kranfahrer und Köchinnen, Kindergärtnerinnen und Klempner. Selbst regierungsnahe Leitartikler machten nicht wie üblich parasitäre Black Blocks für die Exzesse verantwortlich, sie stellten fest: Stattgefunden hatte ein genuiner Volksaufstand. Ein enger Mitarbeiter Macrons gab später zu Protokoll: »Wir hatten wirklich den Eindruck, am Vorabend des 10. August 1792, der Erstürmung der Tuilerien, zu stehen.« Sicher war der Eindruck irrational. In bestimmten Situationen ist jedoch Irrationalität ein objektiver Faktor.

Und wenn doch nur allein Paris betroffen gewesen wäre! Zeitgleich erlebten zwei Dutzend Städte ähnliche Szenen. In der zwanzigtausend Einwohner zählenden Stadt Le Puy-en-Velay brannte die Präfektur. Drei Tage später wollte Macron den traumatisierten Beamten vor Ort einen Besuch abstatten. Damit war er schlecht beraten. Sein Auto fand sich von einer aufgebrachten Menge umzingelt, die auf die Karosserie haute und ihn übel beschimpfte. »Sie wollen Ihren Kopf aufgespießt sehen«, sagte ihm der Bürgermeister. Der Alptraum wirkte nach. Einen ganzen Monat hielt es der Präsident für ratsam, sich in der Öffentlichkeit nicht zu zeigen. Da er als Student eine Dissertation über Machiavelli geschrieben hatte, mag Macron in diesem Moment über jene Maxime nachgesonnen haben: »Regieren heißt nichts anderes, als die Untertanen so zu halten, dass sie dich weder verletzen können noch dürfen.«

Diese Angst ist erfreulich. Selbst wenn von der Bewegung der Gilets Jaunes nichts bleiben würde, die Tatsache, dass sie den Machthabern Frankreichs und Europas wieder Furcht eingeflößt haben, ist eine nachhaltige Errungenschaft. In seinem Roman *Regierung* erzählt B. Traven vom Feuerstuhl, dem angeblichen Brauch eines indigenen Stammes in Mexiko. Bei der Zeremonie zur Amtseinführung sitzt der Häuptling würdig und feierlich auf einem ausgehölten Sitz, worunter glühende Holzkohle gelegt werden. Das Ritual wird unternommen, damit den Häuptling sein brennender Hintern an ein paar Dinge erinnert: Wem er seine Funktion verdankt, wozu er sich verpflichtet hat, außerdem dass er es sich nicht bequem machen darf, an seinem Stuhl wird er wohl nicht kleben können. Die Gilets Jaunes sind Macrons Feuerstuhl gewesen. Viel zu lang hatte die privilegierte Kaste verlernt, welchen Missständen sie ihre Privilegien verdankt. Viel zu lang wurde vergessen, dass jene Verschlechterungen der Lebensbedingungen, die immer »Reformen« heißen, einzig durch die Resignation und die Lethargie der Betroffenen durchgesetzt werden können. Viel zu lang handelten die Eliten in der Überzeugung, sie kämen mit Mord davon.

Angst ist die Mutter der Vorsicht. Ohne die Panik, die der Börsencrash von 1929 und dessen Folgen auslöste, hätte es die relativ umsichtige Wirtschaftspolitik der Nachkriegszeit nicht gegeben. Als dann eine Generation ans Ruder kam, die das Trauma nicht am eigenen Leib erlebt hatte, emanzipierte sie sich von den zaghaften Regeln ihrer Vorgänger, um sich und die Welt in die nächste Finanzkatastrophe zu stürzen. Auch der Wohlfahrtstaat entstand aus Angst vor einer kommunistischen Ansteckung der Arbeiterschaft und wurde demontiert, sobald die Gefahr gebannt war. Was Frankreich angeht: Wie oft wurden nicht den aufeinanderfolgenden Regierungen vorgeworfen, sich dem Druck der Straße zu beugen? Insbesondere der ehemalige Präsident Chirac ließ lieber drei, vier große Reformpläne platzen und seine Premierminister zurücktreten, als den Beschäftigten und, gefährlicher noch, der Jugend den Anlass zum Rebellieren zu geben. Der Grund dafür ist bekannt. Chiracs Karriere wurde von der aus seiner Sicht unheilvollen Erinnerung an den Mai 1968 geprägt, als das ganze Land stillstand und der Staat sich aufzulösen schien. Er war es ja, der damals die Verhandlungen mit den Gewerkschaften geleitet hatte, um den Brand zu löschen. Das wollte er kein zweites Mal erleben. Diese Erfahrung haben seine Nachfolger dagegen nicht gemacht. Wie das kleine Kind, das, seine Eltern anschauend, eine Dummheit wiederholt, um zu testen, wie weit es ungestraft weitermachen kann, setzten Sarkozy, dann Hollande, dann Macron, Stück für Stück Strukturreformen durch, in der Hoffnung, Proteste von sich abperlen lassen zu können. Das schien aufzugehen. Alle Streikbewegungen der letzten zehn Jahre endeten mit einer Niederlage. Nicht das Geschick der Regierenden machte das möglich, auch nicht die immer vorhandene Bereitschaft der Gewerkschaftsvorstände, die Vertretung ihrer Mitgliedschaft gegen eine gut dotierte Position zu tauschen. Nur noch ein Zehntel der französischen Arbeitnehmer sind gewerkschaftlich organisiert. Globale Konkurrenz, Prekarisierung, Geldknappheit und Fragmentierung haben die Streiklust der »widerspenstigen Gallier«, wie Macron seine Landsleute despektierlich nennt, maßgeblich untergraben. Für die Entscheidungsträger war die Arbeiterklasse keine bedrohliche Kraft mehr, sie blieb also unberücksichtigt.

Die linke Tradition (so missverständlich dieser Begriff auch immer gewesen war) wurde für mausetot gehalten. Parteipolitisch sowieso, aber auch kulturell. Nach Jahrzehnten der marktkonformen Gehirnwäsche, nach Aussterben des Linksintellektuellen, nach der Zerstörung der Milieus, in denen soziales Gedächtnis und anarchistische Populärkultur gepflegt worden waren, schien man den Endpunkt jener Geschichte überschritten zu haben, die 1848 begonnen hatte. Freilich war der revolutionäre Gestus nicht ganz verschwunden, doch seit Langem kam er nur noch als sehnsüchtiges, nicht ganz ernst gemeintes Zitat vor, bestenfalls als anachronistisches Reenactment. Mit Gewalt wurden zwar die zur Verhinderung von Großbauprojekten besetzten Zonen geräumt, »ZAD« genannt, doch nicht als ernst zu nehmende Ansteckungsgefahr. Gerade weil die neuen Regierenden sich von der Sorge befreit wähnten, mit einer Opposition rechnen zu müssen, kam die fürchterliche Überraschung eines unberechenbaren Gegners.

Hier liegt das sonderliche Element dieser Situation: Mit dem Entschwinden der links-rechts-Koordinaten glaubte man, in der posthistorischen Modernität angekommen zu sein, und fand sich stattdessen ins Ancien Régime zurückkatapultiert. Bemerkenswert ist, wie Analogien mit der vorrevolutionären Zeit plötzlich wieder auftauchten. In ihrer Anfangsphase wurde die gelbe Revolte als »Jacquerie« charakterisiert. So hießen die gewalttätigen Bauernaufstände, die sporadisch ab dem 15. Jahrhundert gegen die Steuerlast entbrannt waren. Der Vergleich war naheliegend. Wie auch die Gilets Jaunes keine Vertreter anerkennen, nannten sich die Rebellen von damals alle »Jacques«, um die Abwesenheit von Anführern zu betonen. Die Zerstörungswut richtete sich gegen die Zollschranken wie heute gegen die Autobahnmauten. Damals war der Auslöser der Brotpreis, jetzt der Dieselpreis (in Anlehnung an Marie-Antoinette ließ ein böses Graffiti Brigitte Macron sagen: »Dann sollen sie doch Biosprit tanken!«). Als die Aktionen endemisch wurden und die Hauptstadt erreichten, rutschte das kollektive Imaginäre Richtung 1789. Das Bild der Sansculottes befeuerte das Selbstbild der Avec-Gilets. Ganz selbstverständlich mündete die ursprüngliche Forderung nach mehr Kaufkraft in das Verlangen nach Abschaffung der Privilegien. Auf einem Verkehrskreisel wurde gar ein Guillotine-Imitat errichtet und ein Konterfei des präsidialen Monarchen geköpft. Revolutionsfolklore, wie von Franzosen zu erwarten, mögen manche meinen. Ungewöhnlich bloß, wie diese von staatlicher Seite ernst genommen wurde. Auffällig ist vor allem, wie sich Macron mit der Rolle identifizierte, die ihm der Mob zugeteilt hatte. Mitten in der Krise ereignete sich eine seltsame Episode. Für seinen ersten öffentlichen Auftritt seit der Schmach von Le Puy-en-Velay empfing der Präsident hundertfünfzig Topmanager ausgerechnet im Versailler Schloss. Wie jeder halbwegs geschichtsbewusste Franzose weiß, jährte sich an diesem Tag, dem 21. Januar, die Enthauptung des Königs Ludwig XVI. Darum hielt Macron es für angebracht, vor dem versammelten Wirtschaftsadel die Bemerkung fallen zu lassen: »Ein solches Ende widerfuhr dem königlichen Paar deshalb, weil es zu reformieren aufgegeben hatte.« Unüberhörbar spielte er dabei auf die eigene Situation an, was an sich schon seltsam ist. Prunk und Goldglanz der Republikpaläste mögen frühere Präsidenten geblendet haben, doch niemals hätten sie andeutungsweise eine Kontinuität mit dem monarchischen Zeitalter zugegeben. Davon abgesehen, dass Macrons Behauptung historisch zweifelhaft ist, davon abgesehen, dass der Bezug auf das »königliche Paar« die Vermutung weckt, seine Gattin nehme Einfluss auf seine Politik, interessant ist hier das autosuggestive Element: »Höre mit deinen Reformen bloß nicht auf, sonst wirst du geköpft!« Wäre Ludwig XVI so reformfreudig wie er gewesen, dann hätte keine Revolution stattgefunden und das Land wäre von Blutbädern und Demokratie verschont geblieben! Dem Managerstand gelobt der Sonnenpräsident, anders als sein unglücklicher Vorgänger, dem Druck des Pöbels nicht nachzugeben. Nichtsdestotrotz wird er sich ein Beispiel an ihm nehmen. Um die Wut der Untertanen zu besänftigen, ließ Macron Beschwerdehefte in Rathäusern aufstellen. So hatte man es schon im Mai 1789 getan, doch das Manöver blieb so erfolglos wie sein historisches Vorbild.

Selbst wenn die Bewegung sich laut übereinstimmenden Umfragen auf das Einverständnis von drei Viertel der Bevölkerung berufen konnte, mag es bei einer aktiven Beteiligung von vielleicht einer halben Million übertrieben anmuten, von einem »Volksaufstand« zu sprechen. Doch geht es hier nicht um Quantität. Bei den Demonstrationen der Gilets Jaunes konnte eine undifferenzierte Menge ausgemacht werden, weder klassenspezifisch noch ideologisch gekennzeichnet, allein in Zorn geeint. Das war ein Wesensunterschied zu allen Protesten des letzten Jahrhunderts, an denen zum einen klar bestimmbare Sektoren teilnahmen (Fabrikarbeiter, Angestellte im öffentlichen Dienst, Studenten, Schüler usw.), und die zum anderen eine ähnliche Gesinnung teilten und sich in einem gemeinsamen symbolischen Feld bewegten. »Volks«-Aufstand will also hier keine positive Einheit signalisieren, sondern umgekehrt eine unspezifische Menge, in der sich (zumindest am Anfang) sowohl Kleinunternehmer als auch Lagerarbeiter, sowohl Rechts- als auch Linkswähler wiederfinden konnten.

Genau die Unbestimmtheit war der Grund, weshalb diese Protestwelle selbst vielen Linken suspekt war. Sie verlief nicht nach Lehrbuch, war diskursiv konfus. Auf den virtuellen Foren der Gilets Jaunes grassierten Fake News und Verschwörungstheorien. Daher machte sich in linken wie in liberalen Milieus die Angst breit, einer rechtspopulistischen Revolte beizuwohnen, ähnlich derer die bereits in Italien, Brasilien und mehreren anderen Ländern zu einem nationalautoritären Regime geführt hatte. Aber verkennt nicht diese Einschätzung die immanente Dynamik aller sozialen Bewegungen? Wird da nicht eine Reinheit des historischen Ereignisses vermisst, die dieses in Wahrheit nie besaß? Da wären wir wieder bei der französischen Revolution, die nach konventioneller Lesart direkt dem Kopf der Aufklärungsphilosophen entsprungen sein soll. Indes war der entscheidende Auslöser alles andere als vernunftgeleitet. Die Grande Peur, die große Furcht, die im Sommer 1789 das Königreich heimsuchte, war das Ergebnis von Fake News und Verschwörungstheorien. Obwohl es damals noch kein Facebook gab, ging ein wildes Gerücht um: Der Adel hätte heimlich komplottiert, um die Ernte zu vernichten, das Saatgut aufzukaufen und aus Rachelust das Volk in den Hungertod zu treiben. Es war die Angst von einem »Hungerpakt«, die die Bauern dazu trieb, die Schlösser ihrer Herren in Brand zu setzen und damit Steuerbücher, Schuldenregister und Besitzurkunden zu vernichten. Ganz schnell wechselte dann die Angst die Seite, und am 4. August beschloss die in Panik geratene, vom Adel dominierte Nationalversammlung, den eigenen Kopf zu retten und die eigenen Privilegien selbst abzuschaffen. Damit soll keine historische Analogie gezogen werden. Selbstverständlich wäre eine Identifikation der heutigen Lage der

Europäischen Union mit dem Untergang des Absolutismus irreführend. Es sei mit diesem Beispiel bloß an die triviale Erkenntnis erinnert, dass das Bewusstseinsniveau nicht den treibenden Impuls für eine Erhebung gibt. Nüchterne Einsichten in die subjektlose Herrschaft des Kapitals helfen nicht unbedingt, mit der subjektiven Ohnmacht zu brechen. Dafür mögen Enthusiasmus, Panik, Missachtung der objektiven Lage, Einbildung, ja ein gewisses Maß an Selbstüberschätzung wichtige Faktoren des gesellschaftlichen Wandels sein. Unbegründete Gerüchte und aufgeregte Reaktionen können durchaus einen rationalen Kern haben und zu richtigen Handlungen führen. Aus liberaler, befriedungsbemühter Sicht ergibt sich natürlich die entgegengesetzte Schlussfolgerung. An der Französischen Revolution sei allein eine bedauernswerte Kommunikationspanne schuld gewesen. Wäre den Bauern rechtzeitig vermittelt worden, dass gegen sie in Wahrheit keine Verschwörung stattfand, ja, wären sie richtig informiert gewesen, dann hätten die Privilegien nicht abgeschafft werden müssen.

Dass 2019 nicht 1789 ist, weiß jeder. Der springende Punkt ist, dass Verteidiger wie Verfechter des Status quo das Gedächtnisbild von 1789 nötig hatten, um einigermaßen den überraschenden Einbruch der Wirklichkeit nachzuvollziehen, der sich in jenem Winter ereignete. Da klaffte sonst eine gähnende Erklärungslücke. Modernere Identifizierungsmuster fehlten, um zwischen einem emanzipatorischen und einem konservativen Lager klar unterscheiden zu können. Plötzlich war etwas in den Mittelpunkt zurückgekehrt, das als definitiv überholt galt. Die Assoziation mit 1789 will jedoch keine bevorstehende Revolution verkünden, nein, viel bedrohlicher: Hier wird das Fortleben des Ancien Régime festgestellt. Revolutionsrausch verfliegt, politische Ernüchterung bleibt. Wenn unwillkürlich auf die egalitär-demokratischen Prinzipien von 1789 zurückgegriffen wird, nach wie vor offizielle Grundfesten der Republik, dann um auf deren schreiende Abwesenheit hinzuweisen. So anachronistisch die Symbolik, sie bezeichnet ein tiefes Verlangen nach Konkretisierung. Der Befund dürfte niemanden überraschen, er ist doch seit Jahren bekannt und wird fortdauernd wegdiskutiert. Die politischen Institutionen funktionieren nicht mehr, die Vermittlungsinstanzen sind außer Betrieb, das europäische Projekt ist festgefahren, Infrastrukturen, Gesundheitswesen und Bildungseinrichtungen verkommen, die Ungleichheit zwischen einer wohlhabenden Minderheit und der verwahrlosten Mehrheit wird immer größer, hinzu kommt der Umweltkollaps. Gigantische Aufgaben, unvorhersehbare Folgen. Gebetsmühlenartig wird der Problemkatalog in allen Talkshows und Konferenzen durchgegangen, ohne dass die geringste Konsequenz gezogen würde. Solange sich Gewinne erzielen lassen, gibt es keinen zwingenden Grund, den Kurs zu ändern. Seit geraumer Zeit ist dennoch bei der herrschenden Klasse eine vage Beunruhigung feststellbar, nach der Frage: Wie lange kann es noch gut gehen? Zahlreiche Berichte warnen vor dem Risiko schwerer Unruhen infolge der wachsenden Ungleichheit weltweit. Vorsichtshalber wird deswegen der Kontroll- und Repressionsapparat ausgebaut. Doch konnte bisher die Sorge mit der Selbstvergewisserung besänftigt werden: Sie werden es nicht wagen! Nun haben es die Gilets Jaunes gewagt. Sicher wären für eine nachhaltige Kursänderung gewaltigere Widerstände nötig, die Ruhe jedoch ist gestört. Für einen Augenblick wähnte sich die französische Elite verloren. Dann bildete sie sich ein, das Strohfeuer sei gelöscht und die Normalität wiederhergestellt. Von beiden Fehleinschätzungen ist sie nun abgekommen.

Erhöhte Sichtbarkeit

Jeder Anfang braucht ein starkes Symbol. Ein genialischer Einfall des Volksgeistes war es schon, jene Warnweste als Wahrzeichen des Protests auszuwählen, die vorschriftgemäß in jedem Auto vorhanden sein muss. Auf Amtsfranzösisch heißt sie *gilet de haute visibilité,* Weste für erhöhte Sichtbarkeit. Genau darum ging es in erster Linie: um die Sichtbarwerdung jenes Teils der Bevölkerung, der am Rand der Turbogesellschaft ausgesetzt worden ist. Die im Dunkeln sieht man nicht. Sie haben eine Panne und rufen vergeblich nach dem Abschleppdienst. Niemals geraten sie in den Lichtkreis der medialen Scheinwerfer. Immer droht ein rasender Globalist sie zu überfahren und sie obendrein als Loser und Versager zu beschimpfen. Dann erblicken sie in der Tiefe der Nacht andere Gestrandete in Fluoweste. Sie schließen sich zusammen und nehmen wahr, dass sie doch ganz viele sind und eine beachtliche, kollektive Kraft haben. Auch nicht involvierte Autofahrer legen die Gelbweste hinter die Frontscheibe, um ihre Sympathie zu demonstrieren. Eines Morgens erleuchtet ein tristes Hochhaus in Marseille mit Dutzenden Gelbwesten, die die Bewohner an ihre Balkons gehängt haben, und durch die Vervielfältigung bekommt das an sich hässliche Kleidungsstück eine poetische Schönheit. Plötzlich wird es zum nachgefragten Zeichen der Unzufriedenheit. Die Lieferanten melden Engpässe. Und die Ansteckung erreicht Dutzende andere Länder. Demonstranten in Gelbwesten werden in Taiwan und Tel Aviv, Budapest und Bangui, Bassorah und Béjaïa gesichtet. In Ägypten wird der Verkauf des Artikels gar von der Regierung verboten! Auch die Farbe hat eine symbolische Bedeutung, in Frankreich ist sie nämlich politisch unbesetzt. Rote, Schwarze, Grüne, Blaue, Braune kannte man schon, Gelbe nicht. Keine Partei wäre auf die Idee gekommen, die verpönte Farbe zu wählen. Die Jaunes, das sind die Streikbrecher. Bereits im Mittelalter mussten die Leprakranken ein gelbes Stoffstück tragen. Sich mit der Weste als Gelber erkennen zu geben, kann also sowohl bedeuten, man gehört zu den Verstoßenen als auch, man will mit existierenden politischen Färbungen nichts zu tun haben. *Yellow is the new punk.* Allerdings haben die Gilets Jaunes nicht nur die Symbolik ihrer Kleidung glücklich ausgewählt, sondern auch den Schauplatz ihres Auftretens.

Welchen Frankreich-Reisenden beeindruckte nicht die seltsame Vorliebe der lokalen Planer für Verkehrskreisel? Manchmal vergeht kein Kilometer ohne einen solchen, und sei es auch am unnötigsten Ort. Verkehrskreisel spiegeln die Zersplitterung des Territoriums in monofunktionale Zonen wider: links das Gewerbegebiet, rechts der Großsupermarkt, geradeaus die Stadt, wobei wenig später der nächste Kreisel die Fahrenden je nach sozialer Zugehörigkeit zwischen Plattenbausiedlung, Einfamilienhaus-Vorstadt und City-Zentrum verteilt. In der Mitte der Kreisfahrbahnen sind die runden Rasenflächen, die Nicht-Orte par excellence, selbst wenn ihre Banalität manchmal mit einem Blumenbeet oder einer Plastik geschmückt ist. Man bemerkt sie nicht einmal mehr, sie sind nur da, um umfahren zu werden. Jedenfalls sind im ganzen Land unzählige solcher öden Mikroinseln verteilt, ohne dass jemals jemand auf die Idee gekommen wäre, sie könnten für irgendeine Verwendung gut sein. Bis zum 17. November 2018.

An dem Tag werden landesweit über dreitausend Kreisverkehre von Demonstranten in Gelbwesten besetzt, die mit offenen Sperren Riesenstaus verursachen. Dem Motto »Wir blockieren alles« folgend, stehen andere Protestierende an weiteren Nicht-Orten wie Supermarktparkplätzen und Autobahnmautstellen. Die Teilnahme ist massiv, an den Aktionen sollen sich insgesamt um die dreihunderttausend Menschen beteiligt haben. Auf vielen Verkehrskreiseln wird am

Abend spontan beschlossen, die Besetzung am nächsten Tag fortzusetzen, dann am Tag danach, sodass schließlich während vieler Wochen die kleinen runden Flecken mitten im Nichts quasi permanent bewohnt werden! Mit der Zeit richten sich die Besetzer ein bisschen ein, eine Hütte wird gebaut, ein Dixi-Klo organisiert. Ständig kommen solidarische Bewohner aus der Region, sie bringen Holzpaletten fürs Feuer, Essen und Getränke vorbei. Bei Wind und Wetter, bei Glühwein und Wurst lernen sich Unbekannte kennen und diskutieren über Geld und die Welt. Selbst zu Weihnachten und Silvester wird dort gefeiert. Man hört von Liebschaften, die an den Straßenkreuzungen entstanden sind, ja sogar eine Ehe wird vor Ort geschlossen. Ab und an kommen die Gendarmen, um einen Verkehrskreisel zu räumen. Kein Widerstand wird geleistet, alles geschieht gewaltlos, doch am nächsten Tag sind die Leute wieder da. Wer hätte das gedacht? Auf wundersame Weise hat sich die Ödnis in eine Agora verwandelt. Der Nicht-Ort ist seiner griechischen Übersetzung gerecht worden: *où-topos,* die kleine Verkehrsinsel der Utopie. Oder besser: das Riesenarchipel. Schließlich stellen in der durch und durch funktionalisierten Raumordnung die vielen kreisförmigen Fleckchen die einzigen frei verfügbaren Commons dar, die letzten Krümel der Allmende, bislang unbemerkt, weil von privatem Personenverkehr umringt.

Das ist der unspektakuläre, diskrete Aspekt der Bewegung der Gilets Jaunes und doch der ausschlaggebende, ohne den die Geschichte nicht zu verstehen wäre. Die Samstagsdemonstrationen sind knalliger, die Internetforen lesbarer, doch dort auf den abgelegenen Verkehrskreiseln haben die Leute Zeit, sich zu begegnen, sich in Ruhe auszutauschen, sich gegenseitig zu stärken. Alleinerziehende Mütter und isolierte Reihenhausbewohner, Rentner und Auszubildende, Männer und Frauen, die bisher jede für sich darbten, entdecken, dass andere ihr Los teilen. Dort wird die sprichwörtliche Zärtlichkeit der Völker erlebt. Eine beliebte Parole der Gilets Jaunes sagt: »Brüderlichkeit haben wir uns bereits zurückgeholt, Gleichheit und Freiheit kriegen wir noch!« Freude an der sozialisierten Subjektivität, Furcht vor der Rückkehr in die Einsamkeit, beide Motive sind ausschlaggebend für die Standhaftigkeit und die Ausdauer der Bewegung. Für ihre Dynamik sorgt in erster Linie der nachhaltige Austausch über Beweggründe, Logistik und Taktik. Schnell ist die Benzinpreiserhöhung in den Hintergrund geraten, auf den Verkehrskreiseln werden weitere Themen besprochen und Forderungen formuliert, die aufgrund der räumlichen Zerstreuung stark voneinander variieren können. Die archipelhafte Form bedingt den Patchwork-Charakter des Protests. Je nach Region, je nach sozialer Tradition, je nach Altersdurchschnitt, je nach Beschäftigung unterscheiden sich die besetzten Flecken stark voneinander. Man hat nicht unbedingt dieselben spezifischen Probleme in einer Industrievorstadt der Normandie und einem ländlichen Gebiet der Provence. Einige Teilnehmer verfügen über eine gewisse aktivistische Erfahrung; für andere hieß bislang Freizeit: fernsehen und heimwerken. Da auf jeder Insel die Teilnehmerzahl gering ist, spielen Face-to-face-Kommunikation und das Einflussvermögen von Einzelakteuren die wichtigste Rolle, mit unterschiedlichen Resultaten. Das Mosaik mag auch hässliche Steine haben. Während der ersten Tage konnte an vereinzelten Kreuzungen die Präsenz unakzeptabler Gilets Jaunes ausgemacht werden. Ihre rassistischen, antisemitischen oder homophoben Ausfälle wurden von den Medien als kennzeichnend für die gesamte Bewegung hochgepuscht. Allerdings wurden in den folgenden Wochen keine weiteren Vorfälle gemeldet, anscheinend wussten die Verkehrskreiselbesetzer sich von unerwünschten Unterstützern zu trennen und gewisse Regeln durchzusetzen.

Zur allgemeinen Verwunderung waren also bisher unsichtbare Wesen erschienen, die das Land aufmischten. Dringend wurde eine Antwort auf die Frage gesucht, wer diese Gilets Jaunes überhaupt seien und welche Motive sie bewegten. Ein weiteres Novum in dieser Sequenz: Noch nie wurden Sozialwissenschaftler so schnell zum Einsatz gebracht. Kaum waren die ersten Verkehrskreisel besetzt worden, eilten Bereitschaftssoziologen an Ort und Stelle, um quasi in Echtzeit Interviews, Umfragen, Felduntersuchungen, Kartographien, lexikografische Analysen von sozialen Netzwerken und sonstige methodische Auswertungen empirischer Daten zu liefern. Auch sie mussten erkennen, dass kein Phantombild erstellbar ist, so unterschiedlich waren die einzelnen Situationen unter der Einheitsweste. Zumindest konnten sie bestätigen, dass die Bewegung nicht aus marginalisierten Bürgern bestand. Im Kern sei das sprichwörtlich »frühaufstehende Frankreich« vertreten, Menschen, die eine Arbeit haben, oder Rentner sind, jedoch knapp über der offiziellen Armutsgrenze leben (sie liegt in Frankreich bei einem Monatseinkommen von 1000 Euro). Für sie geht eine Verteuerung des Treibstoffs um neunzehn Cent schnell an die Substanz. Als Beweggründe nannten alle das knappe Geld, wobei eine ebenso häufig gegebene Antwort die Verachtung war, der sie alltäglich begegnen. Bald würden sie noch mehr Gründe dafür haben. Monatelang mussten sie sich anhören, sie seien eine hasserfüllte Menge, faschistisch, anarchistisch, gewaltbereit, homophob, rassistisch, antisemitisch, von Putin manipuliert, analphabetisch, kriminell, hässlich, nach Diesel und Kippen süchtig. Dass dieses

Lied auch von Linken angestimmt wurde, zeugt davon, wie Empathie für die Ausgebeuteten von Selbstbezogenheit absorbiert wird. Natürlich durfte die Unterstellung nicht fehlen, die Gilets Jaunes seien ein Haufen »dummer weißer Männer«. Über Dummheit braucht man sich mit stupiden Verleumdern nicht unterhalten. Dem Rest widersprachen die Felduntersuchungen: Die Gilets Jaunes waren fast zur Hälfte Frauen, nicht selten die aktivere Hälfte. Oft organisierten sie auch eigenständige Demonstrationen. Ebenso wenig wäre »weiß« eine passende Beschreibung. Sicherlich waren die Jugendlichen aus den Banlieues nicht mit dabei, sie haben primär andere Sorgen, doch reflektierte die Zusammensetzung auf den Verkehrskreiseln die lokale Bevölkerung ziemlich genau, Menschen mit Migrationsherkunft eingeschlossen. Die Ignoranz von belegten Fakten, sobald diese den eigenen Vorurteilen widersprechen, ist nicht Trumpisten und Putinisten vorenthalten. Liberale Medien können das auch ganz gut. Wie oft haben sie nicht behauptet, die Bewegung stünde mehrheitlich rechts? Die Verleumdung war von Anfang an von Sozialforschern widerlegt worden. Geographen hatten die Karte der besetzten Verkehrskreisel mit den Implementierungsgebieten von Le Pens Rassemblement National verglichen und keine Übereinstimmung gefunden. In Felduntersuchungen erklärte sich ein Drittel der Befragten als »apolitisch«. Über die Hälfte verortete sich links. Rechts gaben weniger als fünf Prozent an, also weit weniger als der gesellschaftliche Durchschnitt. Eines hatten sie gemeinsam, nämlich ein sehr starkes Misstrauen gegenüber allen Parteien und Gewerkschaften. Und noch ein wichtiger Befund: Für die meisten Teilnehmer waren die Aktionen eine Feuertaufe, noch nie in ihrem Leben waren sie in Proteste oder Demonstrationen involviert gewesen.

Die erste Deutung, die Kommentatoren spontan dazu einfiel, war: Es findet ein »Achtundsechzig des Mittelstands« statt. Die Marker fehlten, um das Ereignis mit gewöhnlichen Kategorien zu etikettieren: Arbeiterbewegung, Jugendrevolte, Aufstand der marginalisierten Minderheit. Ebenso wenig repräsentiert waren unter den Protestierenden Arbeitslose, Ausgesteuerte und Hilfsbedürftige. Da der ursprüngliche Zünder eine Benzinsteuererhöhung gewesen war, fühlten sich Menschen betroffen, die immerhin ein Auto besaßen, ein »Privileg«, das ihnen von schamfreien Propagandisten aus der Oberschicht angekreidet wurde. Es sei egoistisch, gegen Steuern zu protestieren, die den Ärmeren zugutekämen. Von anderen Propagandisten hingegen wurde die Bewegung wohlwollend aufgenommen, allerdings nur in ihrem Anfang, als sie sich ausschließlich gegen Übersteuerung zu richten schien. Das sei ein Beweis für ihre mittelständische Natur. Nur: Eine soziologisch relevante Kategorie ist der Mittelstand nie gewesen. In diesen Großcontainer werden der Kleinunternehmer zusammen mit seinen Angestellten geworfen, der Rechtsanwalt mit der Grundschullehrerin, die Fernsehmoderatorin mit dem Gemüsehändler. Um die Stelle eines Menschen im gesellschaftlichen Produktions- und Zirkulationsprozess zu erkunden, ist der Begriff absolut unbrauchbar.

Mittelstand ist eine Geistesverfassung. Dazugehört, wer dazuzugehören meint. Im Prinzip umfasst der Begriff alle Menschen, die zum Überleben eine Arbeit brauchen und auch haben, im Gegensatz zur Oberschicht, die eine Arbeit eventuell hat, aber nicht braucht, und zur Unterschicht, die eine Arbeit braucht, aber nicht hat. Das wäre das Selbstverständnis eines gut gelaunten Mittelständlers. Wenn schlecht gelaunt, fühlt er sich eher wie eine Milchkuh, die im Gegensatz zu den Reichen Steuern zahlt und im Gegensatz zu den Armen keine Sozialtransfers bekommt. Aus diesem Grund ist der Mittelständler für Neoliberalismus und Rechtspopulismus gleichermaßen empfänglich. Gern wäre er wie die Bessergestellten von staatlichen Abgaben befreit, lässt sich deswegen gegen Sozialschmarotzer und Migranten umso leichter aufhetzen. Solange er nach unten tritt, schaut er nicht nach oben, und das

System bleibt stabil. Wie alle Glaubenssysteme muss aber das Mittelstandsversprechen, um zu funktionieren, einigermaßen konkret eingelöst werden können. Ganz gleich, auf welcher Stufe der Einkommensleiter einer steht, er muss eine progressive Verbesserung seines Lebensstandards spüren, Aufstiegschancen für seine Kinder erwarten und am Ende des Weges eine gute Rente bekommen. Fehlen diese Elemente, dann platzt die ganze Blase. »Aufstand des Mittelstands« ist ein Oxymoron. Mittelstand ist eine konzeptuelle Waffe zur Konfliktneutralisierung. Wo Aufstand ist, hört Mittelstand auf.

Die größte Qualität der Gilets Jaunes bestand von Anfang an darin, nicht in die Falle des Ressentiments gegen Marginalisierte und Migranten zu tappen. Wiederholte Versuche, die soziale Wut in diese Richtung zu lenken, trafen immer auf kategorische Ablehnung ihrerseits, und sei es nur, weil solch umstrittene Positionen die Aktionseinheit unwiderruflich gespalten hätten. Trotz förmlicher Ähnlichkeiten und gar vergleichbarer Ursachen mit Bewegungen wie Pegida in Deutschland liegt da der wesentliche Unterschied. UN-Migrationspakt, Ausländerkriminalität, Lohndumping durch Arbeitsmigranten? Thema verfehlt. Die Gilets Jaunes gingen von einer einfachen Feststellung aus: Seit zwanzig Jahren verschlechtert sich die Lebenslage aller Bevölkerungsteile mit Ausnahme einer privilegierten Minderheit, deren Vermögen steigt und die es sich leisten kann, auf funktionierende öffentliche Dienste zu verzichten. Wie es ein Wirtschaftsexperte im Radio auf den Punkt brachte: »Der Klassenkampf ist zurück, der Kampf der Armen gegen die Reichen; und das Beunruhigende ist, dass sie zahlreicher sind!«

So wären wir bei der vertrauten marxistischen Analyse des Phänomens angelangt, doch auch da zeichnen sich erhebliche Probleme ab. Die Arbeiterklasse ist nicht mehr das, was sie einmal war. Lange Zeit wurde sie mit der organisierten Industriearbeiterschaft gleichgesetzt. Postuliert wurde ja, dass mit der Entwicklung der Produktivkräfte alle anderen Sektoren verschwinden müssten. Doch was Europa betrifft, ist genau das Gegenteil eingetreten. Der Industriearbeiter ist durch Roboter oder Chinesen ersetzt worden, übrig geblieben ist eine zersprengte, disparate Konstellation ohne verbindendes Kollektivbewusstsein und vor allem der Druckmittel entledigt, die der klassischen Arbeiterklasse zur Verfügung standen. Die Zeiten sind längst vorbei, als Frankreich sich erkältete, sobald die Arbeiter der Renault-Werke niesten. In den letzten Jahrzehnten konnte die Militanz noch in Branchen aufrechterhalten werden, wo die Beschäftigten einen

Sonderstatus genossen, der sie weitgehend vor Kündigungen schützte, Eisenbahner zum Beispiel. Es war die Zeit der »Stellvertreterstreiks«, die auch für andere Arbeitnehmer erkämpft wurden. Natürlich konnten solche »Privilegien« nicht lange geduldet werden. Als ihr Sonderstatus abgeschafft werden sollte, gingen die Eisenbahner erneut in den Streik und erlitten eine herbe Niederlage. Damit war offenbar ein langer Zyklus von defensiven, gewerkschaftlich organisierten Arbeitskämpfen definitiv abgeschlossen. Das war im Frühjahr 2018. Wenige Wochen später begann ein Klassenkampf des neuen Typs.

Vom klassischen Standpunkt aus gesehen, stehen die Gilets Jaunes an der Peripherie des Produktionsprozesses. In den meisten Fällen sind es selbstständige oder in Kleinunternehmen angestellte Handwerker, Arbeiter und Dienstleisterinnen, Jobber, die von einem befristeten Arbeitsvertrag zum anderen hoppen, Malocher der Logistikbranche, Heimarbeiterinnen. Die beiden Initiatoren der Bewegung, Eric Drouet und Priscilla Ludosky sind ziemlich symptomatisch dafür. Er ist LKW-Fahrer, sie vertreibt Bio-Kosmetika im Internet. All diese Menschen teilen dieselben Geldsorgen und dasselbe Gefühl, die Abgehängten und Verachteten der Globalisierung zu sein, doch für sie steht als Konfliktort nicht mehr der Betrieb zur Verfügung.

Sie haben sich außerhalb der Arbeitssphäre aus freiwilliger Entscheidung zusammengetan. Kollektiv stehen sie nicht Unternehmern gegenüber, daher stellen sie politische Forderungen an die Regierung, die Anhebung des gesetzlichen Mindestlohns etwa. Nur impliziert das Wort Peripherie die Darstellung der Fabrik als zentralen Ort im System der Bedürfnisse und der Arbeitsteilung. Diese Perspektive wurde schon immer angefochten. Kern der feministischen Kritik am Marxismus war ja, dass die Produktion bloß ein Moment der gesellschaftlichen Reproduktion sei. Das ist umso offensichtlicher heute, als in der Wertschöpfungskette die materielle Produktion kein zentrales Glied mehr ist. Im Preis einer modernen Ware, eines iPhones etwa, haben die Herstellungskosten einen minimalen Anteil. Ausschlaggebend sind davor Entwicklung, Programmierung, Marketing, Werbung (also die immaterielle Arbeit des von Toni Negri und Bifo Berardi verheißungsvoll gelobten, in realen Konflikten jedoch durch Abwesenheit glänzenden »kognitiven Proletariats«) und danach Transport, Energieversorgung, Kommunikationsnetze, Lagerung, Logistik, Vertrieb: allesamt Posten, die im globalisierten Wirtschaftsverkehr einen immer wichtigeren und darum empfindlicheren Stellenwert haben. Wo die Produktion nicht mehr gestoppt werden kann, wird die Zirkulation unterbrochen. Die Gilets Jaunes brauchten nicht »Den kommenden Aufstand« zu lesen. Sie sind selber auf die Idee gekommen, die Warenflüsse zu stören, indem sie Amazon-Lagerhallen, Großmärkte oder Öldepots blockierten. Durch solche Aktionen können versprengte Ausgebeutete eine kollektive Kraft entwickeln. Hier scheint ein neues Klassensubjekt stammelnd zu sich kommen zu wollen. Allerdings wartet es noch auf seine Definition.

Von Medien, insbesondere konservativen, wird jedoch eine andere Interpretation bevorzugt. Der gesellschaftliche Riss, der sich mit den Gilets Jaunes offenbart hat, verlaufe nicht so sehr vertikal zwischen oben und unten als horizontal zwischen Metropolen und Peripherien. Ein besonders gefragter Interviewpartner in jenen Wochen war der Essayist Christophe Guilluy, der seit Jahren über das »periphere Frankreich« schreibt. Nach seiner Darstellung bestehen die neuen Unterklassen aus Bauern, Arbeitern, Angestellten, Selbstständigen oder Arbeitslosen, die außerhalb der Großstädte leben und von den Flüssen der Wirtschaftsdynamik ausgeschlossen sind. In den Metropolen hätte sich die Minderheit der Globalisierungsgewinner mit ihrem kosmopolitischen Lifestyle und abgekapselten Wohlempfinden derart eingeigelt, dass sie nicht wüsste, wie die Mehrheit im Lande lebt.

Derzeit hat der kulturell definierte Klassengegensatz Konjunktur. So stellt der Engländer David Goodhart den »Anywheres«, den gut ausgebildeten, mobilen Gewinnern der wissensbasierten Wirtschaft, die »Somewheres« gegenüber, weniger gut ausgebildet, stark verwurzelt und veränderungsresistent. Obwohl die »Anywheres« in der Minderheit seien, dominierten sie die Politik und die Gesellschaft. Eine ähnliche Opposition konstruiert der Deutsche Andreas Reckwitz zwischen den Vertretern der »Hyperkultur« und denen des »Kulturessenzialismus«. Doch im Unterschied zu Goodhart und Reckwitz, die schließlich das hegemonial-liberale Modell gutheißen und nur für mehr Rücksichtnahme auf die Verliererseite plädieren, hält Guilluy das auf Ungleichheit basierte Projekt der Eliten für gescheitert. Darum begrüßt er die Gilets Jaunes als Aufbegehren des Hinterlands gegen die Metropolen.

Ohne Zweifel steckt eine gute Portion Wahrheit in Guilluys Darstellung. Selbstverständlich ist die soziale Spaltung auch räumlich markiert. Horrende Immobilienpreise sorgen dafür, dass die Städte nicht mehr wachsen. Sie machen den Zuzug von Einkommensschwächen unmöglich und vertreiben immer mehr Bewohner aus den Stadtzentren. Dafür wachsen und verelenden die Gemeinden in Randgebieten. Menschen, die zwischen Arbeitsstelle und Domizil pendeln, müssen immer längere Autofahrzeiten hinnehmen. Obwohl die Stadtflucht alles andere als freiwillig erfolgt, erleben die Vertriebenen immerhin mehr Solidarität und gegenseitige Hilfe in ihrem neuen Siedlungsraum, und sei es nur, weil diese dort unverzichtbar sind. Tendenziell wird also eine egalitäre Alltagskultur von Menschen gepflegt, die sich die Stadtfreiheit nicht mehr leisten können. Unstrittig auch Guilluys Behauptung, wohlhabende Pariser hätten mit New Yorkern mehr Gemeinsamkeiten, als mit ihren unsichtbaren Landesgenossen aus dem Hinterland.

Die Korrelation zwischen der räumlichen Spaltung und dem Auftreten der Gilets Jaunes wurde bereits präzis etabliert. Wie könnte man sonst erklären, dass schwere Unruhen auch in kleinen Städten wie Épinal oder Bar-Le-Duc ausgebrochen sind, wo bis dahin buchstäblich nichts geschehen war? Als Experten ergründen wollten, weshalb die äußerst bürgerlich-konservative Stadt Bordeaux (sie heißt im Volksmund: »die schöne Verschlafene«) zur Hochburg der Bewegung geworden war, kamen sie auf eindeutige Befunde: In den letzten 15 Jahren sind dort die Immobilienpreise um 270 Prozent gestiegen. Gleichzeitig wuchs die Bevölkerung eines Dorfes wie Saint-André-de-Cubzac, 33 Kilometer von Bordeaux entfernt, um 54 Prozent.

Von dort und ähnlichen Lokalitäten des Hinterlands strömten jeden Samstag die zahlreichen Gilets Jaunes in die konfiszierte Stadt, um ihrer Wut freien Lauf zu lassen.

Das Problem mit Guilluys Darstellung ist, dass sie den territorialen Gegensatz plakativ überzeichnet. Stadtgeographen erinnern daran, dass statistisch gesehen mehr Arme in den Großstädten als außerhalb leben – eben wegen der hohen Mieten. Andererseits befinden sich in der grünen Provinz Technopolen, Forschungseinrichtungen und sonstige Beschäftigungszonen, die an die globale Wirtschaft durchaus angeschlossen sind, von den örtlichen Notabilitäten einmal abgesehen, die von Geldsorgen nichts wissen. Eigentlich lebt die Mehrheit der Franzosen in den Ballungsräumen um die Großstädte, selbst wenn dazu auch Kleinstädte und ländliche Gebiete gehören. Zwar sind für sie die gentrifizierten Zentren unerschwinglich, ganz abgetrennt von den Metropolen sind sie aber eben keineswegs. Nicht von ungefähr konzentrierten sich auch die besetzten Verkehrskreisel in den großen periurbanen Zonen. Die Gefahr ist hier, eine idyllische Provinz zu verklären, die von den Umwälzungen der globalisierten Welt wie durch Wunder verschont geblieben wäre. Deswegen wird Guilluy von Konservativen und Rechtspopulisten so gern zitiert. Die *France profonde,*

Hüterin der moralischen Werte und der nationalen Identität, war schon immer ein ideologisch stark besetzter Topos. Demgegenüber stünde die kosmopolitische Stadt, die ohne Weiteres mit der Elite gleichgesetzt wird, als ob dort nur linksliberale Bobos wohnen würden. Andererseits lässt sich die kulturelle Kluft nicht wegreden, die Unterprivilegierte aus Stadt und Hinterland trennt. Sie haben tatsächlich andere Referenzen, andere Worte, einen anderen Habitus. Die Samstagsdemonstrationen waren eine gute Gelegenheit, die Differenzen zu beobachten, aber auch wie diese durch Begegnungen allmählich überbrückt werden konnten. Das nannten die Rechtspopulisten die linksradikale Vereinnahmung der Gilets Jaunes. Ob zustimmend oder ablehnend, ein häufiger Fehler in den Kommentaren ist ohnehin, dass von einem Istzustand ausgegangen wird, wobei die Wirklichkeit einer Bewegung in ihrer Dynamik liegt.

Was bewegt die Bewegung?

Auf den ersten Blick ist ein Protest gegen Dieselpreiserhöhung ein denkbar schlechter Ausgangspunkt, um die soziale Frage zu stellen und eine emanzipatorische Bewegung in die Wege zu leiten. Unwillkürlich werden dahinter Autofetischisten vermutet, die nur auf ihr kleines, egoistisches Interesse fixiert sind. Freie Fahrt für freie Bürger, und nach uns die menscheninduzierte Sintflut! Allerdings kommen Spritpreisrevolten in der Welt nicht selten vor. Im Juli 2018 brachen in Haiti schwere Krawalle gegen eine Dieselpreiserhöhung aus, die vom IWF als Bedingung für neue Kredite auferlegt worden war. Zehn Menschen starben, der Premier trat zurück, auf die Maßnahme wurde verzichtet. Aus demselben Anlass hatten ein Jahr davor in ganz Mexiko große Straßenblockaden stattgefunden. Fünf Menschen starben, der Präsident wurde abgewählt und der *Gasolinazo* zurückgenommen. In beiden Fällen jedoch ging die Teuerung zurück auf den Abbau staatlicher Subventionen, die bislang den Tankstellenpreis unter dem Marktpreis gehalten hatten. Im Gegensatz dazu besteht in Frankreich weit über die Hälfte des Tankstellenpreises aus Steuern. Scheinbar ging es mit dem

Protest also nicht um mehr Umverteilung, sondern um weniger Abgaben, und das konnte einen begründeten Verdacht wecken: Wollte da nicht das Gespenst des Poujadismus wiederauferstehen, jene überaus reaktionär-populistisch ausgerichtete Steuerrevolte krisengeprägter Kleinhändler und Handwerker in den 1950er-Jahren? Dort begann ja die Karriere eines gewissen Jean-Marie Le Pen, dessen Tochter Marine nun umgehend den Gilets Jaunes ihre Sympathie verkündete. In der Tat beteiligten sich an den ersten Kreisverkehrsblockaden auch Kleinunternehmer und Ladenbesitzer, die wie üblich ihre Überlebensprobleme allein überzogenen Steuern und Lohnnebenkosten zuschrieben. Auch konnte der Verdacht einer reaktionär ausgerichteten Bewegung dadurch erweckt werden, dass die neue Benzinsteuer, *taxe carbone* genannt, als Teil einer groß angelegten »ökologischen Transition« verkauft worden war. Dagegen mochten sich lediglich Menschen auflehnen, die sich nicht um die Rettung des Planeten scheren! Umweltbewusste Bürger können sich nur die schnellste Abschaffung des Privatautos wünschen. Doch die anfänglichen Verdachtsmomente verflogen schnell. Anders als die Poujadisten von damals und die Autolobbyisten von heute beschränkten sich die Gilets Jaunes nicht auf eine partikulare Streitsache. Offensichtlich hatte der Dieseltropfen bloß das Fass der Unzufriedenheit zum Überlaufen gebracht.

Das Auto hat längst aufgehört, universelles Objekt des Begehrens zu sein. Für Wohlhabende ist es optional. In gentrifizierten Stadtzentren können sie ökobewusst mit dem Elektroroller zur Arbeit fahren; für längere Distanzen fliegen sie. Dafür sind Bewohner am Rand der Metropolen täglich darauf angewiesen, nicht nur um zur Arbeit zu fahren, sondern auch um die Kinder in die Schule zu bringen, im Discount-Supermarkt einzukaufen oder Behörden aufzusuchen. Für sie ist Mobilität kein Segen, sondern ein Fluch. So hat es eine Raumpolitik entschieden, die das Territorium in monofunktionale Zonen zersplittert und öffentliche Verkehrsmittel auf dem Altar der Rentabilität geopfert hat. Auch in diesem Sinne waren die Gilets Jaunes das logische Nachspiel des kurz davor verlorenen Streiks der Eisenbahner, die gegen die Schließung regionaler Bahnhöfe kämpften. Da diese Elemente von den Kreisverkehrsbesetzern explizit angesprochen wurden, öffnete sich die scheinbar triviale Benzinfrage für größere Zusammenhänge. Angefangen mit der Ökologie. Niemals wurden auf Foren der französischen Gilets Jaunes die Klimakatastrophe und die Notwendigkeit einer konsequenten Umweltpolitik geleugnet – wie es einige ihrer rechten Nachahmer in Deutschland zu tun versuchten. Im von extremen Unwettern heimgesuchten Frankreich herrscht kaum Zweifel daran. Doch mag Macron auf internationalen Konferenzen

»make the planet great again« vor sich hertragen, zu Hause heißt es eher: *wash it green.* So hat er das Budget für die besagte »ökologische Transition« amputiert, um andere Positionen im Haushalt aufzustocken. Auch weigert er sich der EU gegenüber, Frankreich auf CO_2-Reduktion zu verpflichten. Wenige Wochen vor Beginn der Gelbwestenbewegung war sein Umweltminister mit der Begründung zurückgetreten: »Ich will nicht länger lügen!« Übrigens musste die Regierung bald zugeben, dass selbst die sogenannte *taxe carbone* in Wahrheit kaum etwas mit Umweltschutz zu tun hatte! Erneut ging es darum, das Haushaltsloch zu stopfen. Zur Erinnerung: Während Autofahrer wider Willen als »Klimasünder« bestraft werden, bleiben Schweröl und Kerosin weltweit ganz und gar unbesteuert, jene Kraftstoffe für unvergleichlich schädlichere Klimakiller wie Kreuzfahrtschiffe, Supertanker und Flugzeuge. Mehrmals haben sich Gilets Jaunes »Klima-Demonstrationen« angeschlossen, um mit Umweltaktivisten ein Ende der Ausreden und der Makulaturpolitik zu fordern. Es ist ein weiteres Verdienst dieser Bewegung, klargemacht zu haben, dass die Umweltproblematik von der sozialen Frage untrennbar ist.

Die Gilets Jaunes erhoben sich nicht korporativ gegen Steuer an sich, sondern gegen Steuerungerechtigkeit. Dafür hatten sie gute Gründe. Seit Macron an der Macht ist, hat er den Superreichen unerhörte Geschenke beschert. Vermögenssteuer wird nur noch auf Immobilieneigentum erhoben, ausgenommen davon ist Finanzvermögen – das bedeutet für die oberste Schicht neun Zehntel ihres Kapitals. Mehr noch: Kapitalerträge, ganz gleich wie hoch, werden mit einer *flat tax* von nur 12,8 Prozent besteuert, also niedriger, als der progressive Lohnsteuersatz. Schließlich bekommen Unternehmen eine »Steuergutschrift für Wettbewerbsfähigkeit und Beschäftigung«; 2018 waren es 21 Milliarden Euro, die zum größten Teil an die Aktionäre geflossen sind, anstatt in die Realwirtschaft investiert zu werden. Allein in 2018 ist das Vermögen der Milliardäre um 14,5 Prozent gestiegen. Diese Maßnahmen sind konsistent mit der Weltsicht der Macroniten (ob sie selbst daran glauben oder nicht, sei dahingestellt). Ein Grundsatz des Liberalismus lautet: Es ist vergeblich, an die Moral eines Menschen oder an seinen Sinn fürs Gemeinwohl zu appellieren, allein sein Eigeninteresse kann ihn dazu bringen, das Gute zu tun. Was Superreiche betrifft: Nur fiskale Begünstigungen mögen sie dazu ermuntern, ihr Vermögen produktiv anzulegen, anstatt es in Steuerparadiesen zu verstecken – ein Vergehen, dass Macron verständnisvoll nicht Betrug, sondern »Steueroptimierung« nennt. Die Quintessenz seiner Weltanschauung liegt in dem Glaubenssatz: »Der Erste am Seil zieht die anderen mit.« Deshalb muss man ihn, den Ersten, kräftig unterstützen und nicht den Schwerfüßigen am unteren Seilende, dessen eventueller Absturz die Seilschaft nicht gefährdet – womöglich würde gar niemand Notiz davon nehmen. Gefragt nach der moralischen Implikation seiner Anschauung antwortete einst der Noch-Kandidat Macron: »Sie ist nicht ungerecht, denn sie ist effizienter.« Ähnlich obgleich unfreiwillig witziger verkündete im Fernsehen einer der Mediokraten im ständigen Einsatz zum Schutz der Regierung: »Ein armes Land ist nicht ein Land, wo Arme leben, sondern ein Land, wo es keine Reichen gibt!« Das sind bloß Paraphrasen jener berühmten Trickle-down-Theorie, wonach allein die ungebremste Förderung der Oberschicht nach und nach die Restgesellschaft mit späteren Wohlstandsgewinnen berieseln kann. Die Besonderheit dieser These ist, dass sie sich nie und nirgends bestätigt hat.

Im Prinzip hat ein neoliberal ausgerichteter Staatsmensch nichts gegen Steuersenkungen. Sie sind ja Teil seines Credos. Andererseits ist Fiskalpolitik sein einzig übrig gebliebener Handlungsspielraum, da alle anderen Steuerungselemente dem Markt oder dem selbst auferlegten EU-Regelkorsett überlassen worden sind. Geht es um Gesundheit, Bildung oder Ökologie, lautet der Grundsatz: Der Preis bestimmt das

Verhalten. Zum Beispiel sollen Steuern die Individuen dazu zwingen, umweltbewusst zu leben. Auf diese Weise erspart man sich, an den Strukturen zu rütteln. Schuldig bist du, wenn du Auto fährst, nicht die Gestaltung des sozialen Raums, die dich dazu zwingt. Ab einem bestimmten Vermögen hört allerdings der Anreizeffekt auf zu funktionieren, weil Verbrauchsposten nur noch marginal sind. Zweck der Fiskalpolitik wird dann sein, Investitionen anzureizen. Zusammengefasst: Zu tugendhaftem Verhalten werden die Reichen durch Steuergeschenke gebracht, alle anderen durch mehr Steuer.

Entgegen der Kletterseil-Theorie und der begleitenden Seilschaftenpraxis verbindet die Gilets Jaunes eine spontane Anschauung, die mehrere Kommentatoren nicht zu Unrecht »moralische Ökonomie« nennen. Der Begriff wurde ehemals von dem englischen Historiker E. P. Thompson geprägt, um eine populäre Weltsicht zu beschreiben, die im 18. und frühen 19. Jahrhundert sehr verbreitet war und unzählige soziale Unruhen auslöste. Demnach unterliegt das Wirtschaftsleben impliziten moralischen Werten, und es gibt so etwas wie einen gerechten Preis und einen gerechten Lohn. Der Handel darf Regeln des Anstands nicht verletzen, Schwächeren muss Schutz gewährleistet werden. Damit der soziale Zusammenhalt nicht gefährdet wird, wird eine effektive Umverteilung von oben nach unten zur Pflicht, und Vergehen gegen das Gemeinwohl dürfen nicht unbestraft bleiben. Eindeutig sind in den Beschwerden der Gilets Jaunes all diese Motive präsent. Wie ihre Vorfahren vor zweihundert Jahren rechtfertigen auch sie ihren Aufruhr moralökonomisch. Da die legale Macht mit der gemeinen Regel gebrochen habe und Sittenwidrigkeiten zulasse, habe sie ihre Legitimität eingebüßt. Daher sei der eigene Zugriff auf illegale Mittel legitim. Die (übrigens ziemlich moderate) Gewaltanwendung hat kein revolutionäres Ziel, sie will bloß abmahnen. Die moralische Ökonomie lässt Individuen und Gruppen über den Tellerrand des Eigeninteresses schauen. So erklärt sich, dass keine formale Organisation nötig war, um die Gilets Jaunes zusammenzuhalten: Sie sind in einer Wertegemeinschaft verbunden. Auch die passive Unterstützung, die ihnen ein Großteil der Bevölkerung entgegenbrachte, führt auf ein noch weit verbreitetes Gerechtigkeitsempfinden zurück. Verhandlungen mit der Regierung waren von vornherein deshalb unmöglich, weil beide Seiten zwei verschiedene Sprachen sprechen. Der moralische Standpunkt ist mit der ökonomischen Logik unvereinbar, wie das Beispiel Macron zeigt. Selbst, wenn sein Argument, eine Wiedereinführung der Vermögenssteuer hätte keine spürbare Auswirkung auf das Einkommen der Schwächeren, valide wäre, verfehlte es doch den eigentlichen Punkt, nämlich die Verletzung des Gleichheitsprinzips.

Hier wieder werden also historische Parallelen gezogen, um die Singularität der Gilets Jaunes in der Gegenwart zu begreifen. So wie ihre Aktionen mit Bauernaufständen der vorrevolutionären Zeit werden ihre Beweggründe mit der Denkweise der frühkapitalistischen Epoche verglichen. Die moralische Ökonomie ist ja eine prämarxistische Konzeption. Wie man weiß, wurde Marx nie müde, diese herrschende Tendenz innerhalb der frühen Arbeiterbewegung zu bekämpfen. Es helfe nicht, an Werte und Gerechtigkeit zu appellieren. Es sei illusionär, einen Normalzustand der Tauschverhältnisse wiederherstellen zu wollen, den es nie gegeben hat und nicht geben kann. Durch Marx gewann damals die Arbeiterbewegung einen schärferen Einblick in die Struktur der kapitalistischen Maschinerie, mit der Gewissheit gekoppelt, die Geschichte sei auf ihrer Seite. Nun ist eine solch stolze Zuversicht längst verflogen. Man mag es bedauern, darf dabei jedoch eines nicht vergessen: An ihrer praktischen Anwendung ist die Theorie gescheitert! Übrig geblieben ist die moralische Empörung. Mehr stand den Danziger Werftarbeitern auch nicht zur Verfügung, als sie 1980 den Untergang des Ostblocks einleiteten. Es ist ziemlich herablassend, gering qualifizierten Menschen vorzuwerfen, sie hätten keine qualifizierte Kapitalismuskritik vorzuweisen. Wie Jack Common in den 1930er-Jahren bemerkte: Wenn die Proletarier etwas von Wirtschaft verstünden, wären sie nicht Proletarier. Nur setzt die Wirtschaft voraus, dass es Proletarier gibt, selbst wenn das Wort aus der Mode ist. Was die Überzeugungskraft der moralischen Ökonomie angeht, sind ökonomisch-quantitative Argumente unwesentlich. Selbstverständlich hätte es keinen Zweck, eine »gerechte Miete« oder einen »gerechten Lohn« beziffern zu wollen. Nur ist das kein Grund, um widerstandslos eine unverschämte Mieterhöhung hinzunehmen oder nicht skandalös zu finden, dass das Vermögen des Milliardärs und Macron-Freunds Bernard Arnault um 800 Euro pro Sekunde zunimmt. Davon abgesehen: Wo bleiben heute die brauchbaren Einsichten und Strategien, die bei den Gilets Jaunes so überheblich vermisst werden?

Nun treffen wir jedoch auf die problematische Natur der Bewegung. Denn an sich ist die moralische Ökonomie weder links noch rechts markiert. Und zwar nicht, weil mit ihr der Links-rechts-Gegensatz überwunden wäre, sondern im Gegenteil, weil sie sich noch in einem vorpolitischen Raum aufhält. Die moralische Ökonomie ist das Zusammentreffen einer legitimen moralischen Regung mit einer verkürzten ökonomischen Erkenntnis. Das kommt daher, dass sie als Reaktion gegen ein hyperqualifiziertes und hyperanstößiges Machtgefüge entsteht. Historisch gesehen hat sie das Beste wie das Schlimmste hervorgebracht. Der bereits erwähnte E. P. Thompson beschrieb, wie aus moralökonomischen Impulsen die englische Arbeiterklasse entstand und sich zu einem starken, egalitären Graswurzelsozialismus entwickelte. In *Der Weg nach Wigan Pier* beschreibt George Orwell, wie der Begriff der *common decency* die britische Arbeiterkultur prägt. Doch wissen die Deutschen allzu gut, wie die Grundannahmen der moralischen Ökonomie ebenfalls Nährboden für die schlimmsten rassistisch-autoritären Auswüchse sein können. Die Empörung gegen das »kosmopolitische Finanzkapital« wussten die Nazis geschickt auszunutzen. Spuren einer solchen Tendenz konnten auch innerhalb der Gilets Jaunes ausgemacht werden. Es mag der allgemeinen Konfusion geschuldet sein, dass nicht wenige Demonstranten ihre Wut rituell allein gegen »die Banken« richteten, als ob diese ein Fremdkörper im sonst anständigen System wären. Wenn jedoch ab und an auf »Rothschild« geschimpft wird (mit der Ausrede, dass Macron dort Banker gewesen war), dann beginnt es, übel zu riechen. In Frankreich sind bekennende Antisemiten aktiv, die mit Verschwörungstheorien und Provokationen gegen politische Korrektheit eine gewisse Anhängerschaft gewinnen konnten. Ihre Interventionen auf Facebook-Seiten der Gilets Jaunes werden zwar systematisch gekontert oder gelöscht, doch sind sie präsent. Die antisemitischen Ausfälle von ein paar Teilnehmern, die am Rand einer Demonstration den islamophoben Publizisten Alain Finkielkraut beschimpften, kamen Politik und Medien ganz gelegen, um die Bewegung pauschal zu diskreditieren. Ist einmal der Antisemitismusvorwurf im Raum, wird man ihn nie wieder los. Da half auch nicht, dass die Gilets Jaunes den Vorfall kategorisch auf all ihren Foren verurteilten. Auf die Frage, wie so etwas geschehen konnte, antwortete eine ihrer Gruppen: »Die Vorstellung wäre müßig, eine Bewegung dieser Größenordnung könnte auf wundersame Weise von Übeln verschont bleiben, die die französische Gesellschaft weitgehend durchdringen.«

Die moralische Ökonomie birgt eine weitere Falle: Wenn der Kampf gegen sittenwidrige Eliten im Namen des »wütenden Frankreichs« geführt wird, bleibt noch zu klären, wer dazu gehört und wer nicht. Wie bereits erwähnt, wurde die Migrantenfrage systematisch als irrelevant erklärt, weil ein Streit darüber die Aktionseinheit gespalten hätte (genau das versuchte Macron, als er die abgestandene Debatte um die »nationale Identität« aufzuwärmen versuchte). In einem von mehreren Forderungskatalogen stand jedoch der

Satz: »In Frankreich leben, heißt, Franzose werden«, was unwillkürlich die Frage aufwirft: Was soll denn mit denjenigen geschehen, die, nach welchen Kriterien auch immer, beim Franzosenwerden-Test durchfallen? Gewiss war diese Forderung nur eine Randerscheinung im chaotischen Meinungsmalstrom. Aber auch sie gehörte dazu. Da 1789 ein häufiger Bezugspunkt war, erinnerten geschichtsversierte Teilnehmer daran, dass damals als Citoyen jeder galt, der sich für die Revolution einsetzte, unabhängig von Herkunft. Doch wurde das grundsätzliche Austragen innerer Konflikte und Widersprüche stets verschoben. Zwar gab es den als Gerücht in die Welt gesetzten Schulterschluss von Linken und Rechten nicht (im Gegenteil, so oft sie konnten, gingen sei aufeinander los und erregten damit das Unverständnis der unparteiischen Mehrheit), doch bestand die Gefahr, dass sich aus der bunt zusammengewürfelten Zusammenkunft eine ähnliche Formation herauskristallisieren könnte wie in Italien die Fünf-Sterne-Bewegung, deren Ursprung in gewisser Weise vergleichbar ist. Auch sie hatte mit zum Teil progressiven Forderungen begonnen – lokale Demokratie, Informationstransparenz, erneuerbare Energien, Grundeinkommen – und verhalf letztlich nur einer fremdenfeindlichen, autoritären Clique zur Macht. Ein ähnliches Szenario wäre in Frankreich nicht undenkbar gewesen. Obwohl allseits nach

Macrons Rücktritt gerufen wurde, gruselten sich nicht wenige vor der Vorstellung. Welche Kraft würde dann das Machtvakuum füllen? Wäre nicht der Weg offen für eine Allianz von Le Pens Rassemblement National und einer institutionalisierten Gilets-Jaunes-Partei?

Es ist jedoch eine Sache, auf Risiken hinzuweisen, und eine andere, kategorische Urteile zu fällen wie: »Die Straße ist immer rechts« oder »die Bewegung ist latent antisemitisch«, wenn nicht »krypto-faschistisch«. Solch elitäre Behauptungen verraten den Wunsch, *es möge sich gar nichts bewegen.* Bei linksintellektuellen Divas ist eher der Verdruss zu vernehmen, die Gilets Jaunes seien von ihren weisen Theorien abgerückt – sie kennen sie ja nicht einmal. Der für seine unfehlbare Kohärenz berüchtigte Slavoj Žižek beklagt die Inkohärenz der Gilets Jaunes, die sich im Gegensatz zu ihm »im existierenden System« bewegen. Alain Badiou, der sich vom Tod Mao Zedongs noch nicht erholt hat, nennt sie gar »reaktionär«. Und Chantal Mouffe vermisst ihre Äquivalenzkette.

Der Grund, weshalb die Gilets Jaunes bislang in keine der oben genannten Fallen getappt sind, liegt in erster Linie in ihrem spontan-anarchistischen Auftreten, wozu auch die Weigerung gehört, Vertreter zu haben. Hier liegt der Unterschied zu den Fünf-Sternen, die seit ihrem Anfang von Leadern geführt werden, zunächst dem Clown Beppe Grillo, dann dem Ex-Faschisten Luigi de Maio, der die Bewegung migrantenfeindlich umpolte und nun Italien mitregiert. Dass ein derart breiter und langer Zusammenschluss keine Führungsperson generiert und von keiner vereinnahmt wird, ist zweifellos eine historische Seltenheit. Die wenigen, die auf Facebook ursprünglich die Gilets Jaunes initiiert hatten, betonten stets, sie seien bloß Vermittler, allenfalls »Boten«, doch keineswegs dazu befähigt, im Namen der anderen zu sprechen. Es ist das Verdienst dieser Admins, der Verführung der Berühmtheit widerstanden zu haben. Ein einziges Mal nahmen sie eine Einladung von Premierminister Philippe an, doch unter einer Bedingung: Sämtliche Gespräche sollten live über ihr Funkgerät übertragen werden, damit sie transparent blieben und alle Gilets Jaunes in Echtzeit reagieren konnten. Eine bemerkenswerte Technik der demokratischen Kontrolle. So sind die kleinen Arrangements zwischen zwei Türen sowie die üblichen Korrumpierungsversuche und Falschversprechen ausgeschlossen. Philippe lehnte ab, es fand kein Gespräch statt. Wie sich herausstellen sollte, war Misstrauen gerechtfertigt. Folgende Anekdote mag erläutern, wie die Legende der »rechtsextremen Gilets Jaunes« konstruiert wurde: Noch vor dem 17. November tauchten an ein paar Orten selbst ernannte Sprecher auf, die schnell mit rassistischen, islamfeindlichen und homophoben Sprüchen auffällig wurden, mit dem Ergebnis, dass die lokalen Gruppen sich explizit von ihnen per Pressemitteilung trennten. In ihrer Region desavouiert, wurden die sogenannten »Anführer« zu sehr gefragten Gästen in Pariser Fernsehstudios, die nach Ansprechpartnern in gelben Westen gierten. Umso besser, wenn einer von ihnen namens Chalençon zur besten Sendezeit erklärte: »Wir brauchen einen starken Mann!« Damit war der Beweis erbracht, die Bewegung stamme »aus dem Reservoir der ganz Rechten«, wie es sofort Daniel Cohn-Bendit in Deutschland kolportierte (Cohn-Bendit, der heute Macron berät, hatte 1968 seine Karriere auch als selbst ernannter Sprecher einer Bewegung begonnen, die keine Sprecher haben wollte). Als sich dann Chalençon und andere Opportunisten entgegen der Haltung der Gesamtbewegung zu Verhandlungen mit der Regierung bereit erklärten, wurden die »rechten Anführer« urplötzlich in »gemäßigte Gelbwesten« umgetauft. Da sie jedoch zu offensichtlich unrepräsentativ waren, platzte der Versuch. Später verursachten dieselben eine diplomatische Krise zwischen Frankreich und Italien, weil sie sich mit Luigi de Maio getroffen hatten. Jetzt konnten die Mainstream-Medien behaupten, die Gilets Jaunes seien nicht nur Rechte, sondern obendrein vom Ausland gesteuert.

Eine rechte Bewegung, die Führer prinzipiell ablehnt? Das wäre ein Novum. Hinzu kommen die vielen unordentlichen Samstagsumzüge, die vielmehr an die Zeit erinnern, als Arbeiterdemonstrationen noch nicht gewerkschaftlich domestiziert worden waren. Es waren nicht einmal Demonstrationen im eigentlichen Sinne. Niemand scherte sich darum, die sogenannten »Akte« anzumelden, eine Route und einen Abschluss festzulegen. Unerfahrenheit macht erfinderisch. Menschen, die aus der Provinz in die Stadt geströmt waren, erkannten sich an ihrem Outfit und zogen einfach los, ohne zu wissen, ob sie an der nächsten Kreuzung rechts oder links abbiegen würden. Manchmal teilte sich die Menge, um nach ein paar Kilometern erneut zusammenzukommen. Das laute Umherschweifen dauerte den ganzen Tag, manchmal gar bis in die Nacht hinein. Gewalt brach immer erst dann aus, wenn die Polizei den Fortgang verhinderte, und wurde meistens von ihr selbst ausgelöst. Beeindruckend war dennoch, wie angstfrei und entschlossen Protestierende sich dann widersetzten, die nie zuvor Tränengas eingeatmet hatten. Doch alles in allem verliefen die Umzüge gewaltlos, zum Teil auch karnevalesk. Ladenplünderungen blieben überwiegend aus, Sachschäden entstanden meistens nur barrikadenbautechnisch, um Angriffe der Polizei zu verlangsamen. Beschädigt wurden dabei vornehmlich Banken sowie andere symbolische Stätten der Macht. Als Witzbolde lustvoll das Holztor eines Ministeriums mit einem zufällig vorgefundenen Gabelstapler einrammten, ging das Bild um die Welt. Aber selbst diese Episode dürfte als Teil jener Rückaneignung des öffentlichen Raums gelten, wie seinerzeit von der Occupy-Bewegung propagiert, ohne dass wirklich gewagt wurde, es zu praktizieren. Es ist hier nicht der Platz für eine detaillierte Darstellung, wobei nicht wenige außerordentliche Geschehnisse jener vielen Wochen erwähnenswert wären. Von Randerscheinungen kann allerdings keine Rede sein. Die Akte fanden gleichzeitig in bis über fünfzig verschiedenen Städten statt, mit Zehntausenden involvierten Menschen. Genaue Zahlen sind nicht auszumachen, erst recht nicht vom Innenministerium, das Woche für Woche ein Abflauen der Teilnahme beschwor. Da jeder einzelne Umzug wie heute üblich gelivestreamt wurde und im Netz archiviert ist, ist es jedoch möglich, einen ziemlich genauen Eindruck zu gewinnen.

Für die Gilets Jaunes waren die Samstagstreffen die Gelegenheit zu prüfen, welche Sektoren jenes »wütenden Frankreichs«, das sie zu vertreten behaupteten, sich tatsächlich angesprochen fühlten. Trotz Solidaritätsbekundungen hielt sich die Mobilisierung der Bauern in Grenzen, obwohl (oder vielleicht weil) Landwirte in einer besonders verzweifelten Lage sind;

unter ihnen ist die Suizidrate alarmierend. Die Kleinunternehmer und Ladenbesitzer, die am Anfang Kreisverkehre mitblockierten, fürchteten sich bald vor den Einnahmeeinbußen, die mit dem Samstagschaos zu erwarten waren. Dafür schlossen sich den Gelbwesten die »Rotwesten« der Eisenbahner an, die »Weißkittel« des Pflegepersonals, die »Rotstifte« der Lehrer, die »Schwarzroben« der Rechtsanwälte. Anfänglich waren die Gewerkschaftsleitungen der unberechenbaren Bewegung gegenüber äußerst argwöhnisch. Als Macron erste Zugeständnisse machte, mussten sie sich jedoch von ihren Mitgliedern anhören, die Gilets Jaunes hätten in kürzester Zeit mehr erreicht als sie in den letzten zwanzig Jahren. Schließlich verfolgten sie die gleichen Ziele, die Anhebung des Mindestlohns etwa, oder mehr Steuergerechtigkeit. Allmählich fand eine vorsichtige Annäherung statt. Für den 5. Februar 2019 wurde sogar von der Allgemeiner Gewerkschaftsbund CGT und kleineren linken Gewerkschaften zusammen mit den Gilets Jaunes zum eintägigen Generalstreik aufgerufen. Das Ergebnis fiel ziemlich ernüchternd aus. Zum einen sind, wie bereits erwähnt, die meisten Gilets Jaunes aufgrund ihrer beruflichen Position nicht in der Lage, selbst zu streiken, zum anderen vertreten die Gewerkschaften nur noch einen geringen Anteil der Arbeitnehmer. Ohnehin hat sich der Mythos Generalstreik so gut wie niemals konkretisiert (eine Ausnahme ist Deutschland 1920 während des Kapp-Putsches); doch sind die Chancen dafür heute geringer denn je. Selbst die seit Jahren ersehnte »Zusammenführung aller Kämpfe« gelang nicht wirklich. Dagegen spielte die de facto prominente Stellung der Gilets Jaunes, die dazu hätte führen sollen, dass alle partikularen Protestgründe von der Bewegung aufgenommen worden wären, wenngleich diese selbst zu partikular war, um das zu ermöglichen. Eigentlich erfolgten Begegnungen mit anderen Sektoren nicht so sehr aus strategischen Überlegungen als zufällig, aus der internen aktionistischen Dynamik der Bewegung heraus. Die Blockaden reichten nicht, um die Regierung zum Einlenken zu bringen, also musste mehr blockiert werden! So begaben sich Gruppen von Gilets Jaunes zu allen möglichen Stellen der gesellschaftlichen Reproduktion, von Supermärkten zu Kindertagesstätten, von Ölraffinerien zu Logistikzentren, von Disneyland zu Gerichtssälen. Sie waren in Flughäfen präsent, um gegen deren Privatisierung zu demonstrieren, vor dem Hauptsitz von Bayer-Monsanto gegen die Zerstörung der Artenvielfalt, in Krankenhäusern gegen Etatkürzungen im Gesundheitssektor. Frauengruppen protestierten vor sexistischen Behörden und verwahrlosten Frauenhäusern. Auch diese ausgeprägte Polyvalenz zeichnet die Bewegung von üblichen Protestformen aus.

Erfreulich an den Samstagsakten war, dass auch Rentner und Jugendliche teilnahmen und sich austauschten. Im Dezember hatten die Schüler angefangen, zu streiken und ihre Schulen zu besetzen, in Frankreich keine Seltenheit, doch jetzt waren nicht nur die Gymnasien der Stadtzentren, sondern vorwiegend die Berufsschulen aus der Peripherie an der Initiative beteiligt, also die Kinder der Gilets Jaunes selbst. Auf Schulhöfen spielten die Kleineren »Gilets Jaunes und Gendarmen«, die Älteren kamen in den Unterricht mit Gelbwesten. Schülerdemonstrationen wurden von der Polizei mit skandalöser Gewalt unterdrückt. Lange Zeit wird man sich an das Bild jener eingepferchten Jugendlichen erinnern, die stundenlang knien mussten, die Hände hinterm Kopf verschränkt, von Polizisten in Kampfmontur überwacht und verspottet.

Am Anfang der Bewegung hatten sich nicht wenige Gilets Jaunes blauäugig eingebildet, bald würde sich die Polizei mit ihnen verbrüdern und den Sieg über die Regierung garantieren. Auch als Zermürbungstaktik waren die kontinuierlichen Aktionen gedacht. Die erschöpften Beamten hatten kein freies Wochenende mehr, angeblich ließ die Bezahlung ihrer Überstunden auf sich warten, irgendwann, so das Kalkül, würden sie das Handtuch werfen. In ihren Reihen ist die Suizidrate ähnlich hoch wie bei den Bauern, seit Beginn der Gilets Jaunes hat sie sich sogar verdoppelt. Jeden vierten Tag begeht ein Polizist Selbstmord. Immer wieder riefen ihnen Protestierende zu: »Bringt euch nicht um, schließt euch uns lieber an!« Da das Angebot jedoch ohne Effekt blieb, wurde bald zur Skandalisierung der Medien gerufen: »Bringt Euch doch um!« Noch nie seit dem Algerienkrieg trafen Demonstranten auf solch massive Polizeigewalt. Die Repression erreichte Ausmaße, die man sonst aus der Türkei oder Russland kennt. Es dauerte Monate, bis Europarat und UNO-Menschenrechtskommission zur Empörung der französischen Regierung den systematischen, absolut unverhältnismäßigen Einsatz von Plastikkugeln und Explosivgranaten monierten. Inzwischen hatten Dutzende Menschen ein Auge oder eine Hand verloren. Hunderte waren schwer verletzt. Unzählige Videos dokumentieren, wie friedliche, tatenlose Menschen (auch Passanten, Journalisten und gar Sanitäter) brutal angegriffen oder angeschossen wurden. Am entsetzlichsten war noch, dass Polizisten sich nicht scheuten, ihre Untaten vor laufenden Kameras zu verüben. Sie wussten, sie hatten keine Strafe zu befürchten. Wieder zeigte sich, dass, sobald ihre Befehlshaber bedingungslos hinter ihnen stehen, die sogenannten Ordnungshüter keine Hemmung mehr kennen. Sicherlich kam auch Gewalt von der Gegenseite, nicht wenige Polizisten wurden verletzt. Doch kann keine

Rede davon sein, das Niveau der Repression hätte sich nur der außerordentlichen Gewaltbereitschaft der Straße angepasst. Die Straßenkämpfe der 1970er-Jahre waren ungleich heftiger. Ganz offensichtlich war die Gewalt gewollt, um Menschen davon abzuhalten, auf die Straße zu gehen.

An seiner Polizei lässt sich der liberal-autoritäre Charakter des Regimes am eindeutigsten erkennen. Zum Beispiel sind »nicht-letale Waffen« das perfekte Sinnbild für eine angebliche Politik des geringeren Übels, die in Wirklichkeit das Übel banalisiert. Nach behördlicher Darstellung werden Reizgas, Gummigeschosse und Schockgranaten deswegen eingesetzt, um rechtstaatliche wie zivilisatorische Standards einzuhalten. Anders als in totalitären Staaten wird nicht scharf geschossen. Die Obrigkeit behauptet, human vorzugehen oder vorsichtig genug, damit keine Todesopfer zu beklagen seien. Aber gerade weil sie im Prinzip nicht tödlich sind, werden solche Waffen systematisch eingesetzt. Die Hemmschwelle sinkt, bis alltägliche, an sich harmlose Vorfälle in der Notaufnahme enden. Frei nach Carl Schmitt lässt sich wohl sagen, dass die Polizei den Rechtsstaat verteidigt, indem sie ihn ignoriert. Da wirtschaftsliberale Maßnahmen nur mit autoritären Mitteln durchgesetzt werden können, wird dem Sicherheitsapparat eine weitgehende Selbstständigkeit zugestanden. In diesem Zusammenhang wundert es nicht, dass eine Mehrheit der Polizisten Le Pen wählt und dass immer wieder Beamte durch faschistische, rassistische und frauenfeindliche Äußerungen auffallen. Das rechte Ungeheuer kommt nicht von außen her, um den Staat einzunehmen, es wird vom Staat selbst ausgebrütet. Der zum Gärtner gemachte Bock kann sich sogar leisten, erpresserisch Bedingungen zu stellen. Als Stimmen sich erhoben, um endlich die Straffreiheit für Ordnungskräfte zu beenden, formulierte die mitgliedsstärkste Polizeigewerkschaft Alliance eine kaum verhohlene Drohung an die Regierung: »Sollten unsere Kollegen ungerecht verfolgt werden, dann wissen wir, was wir zu tun haben, und niemand wird unsere Wut unterdrücken können.«

Polizeigewalt kennen die Jugendlichen aus den Banlieues zur Genüge. In den vergangenen Jahren sind Dutzende von ihnen, fast ausnahmslos dunkelhäutige oder arabischstämmige, getötet worden, sei es durch Schüsse, Verfolgungsjagden oder Schläge auf Polizeirevieren. Niemals bekommen die Täter eine Gefängnisstrafe. Für die Mehrheitsbevölkerung sind die armen Altneubauviertel der Stadtperipherien Terra incognita. Dort wird nichts gelivestreamt, keine Reporter sind anwesend, um die Missbrauchsfälle zu dokumentieren. Zerrbilder gesetzloser Ghettos verdrängen die mutigen Bemühungen zahlreicher Vereine und Gruppen, das Leben dort einigermaßen erträglich zu gestalten. Als sich 2005 die Banlieues erhoben und drei Wochen lang brannten, kam kaum Unterstützung von außen. Der Ausnahmezustand wurde in den *quartiers populaires* verhängt, der Rest des Landes regte sich nicht. Das bleibt unvergessen und erklärt, dass die Gilets Jaunes dort offenbar auf Sympathie trafen, aber kaum auf Widerhall. Eine merkliche Ausnahme ist das »Comité Adama« (benannt nach einem getöteten Jugendlichen), das sich militant gegen Polizeiwillkür und institutionellen Rassismus engagiert. Seit Anfang der Bewegung sind die Aktivisten des Komitees mit dabei, nicht als externe Unterstützer, sondern weil sie nach eigener Aussage »Gilets Jaunes seit Geburt« sind. So begrenzt diese Annäherung auch ist, die Tatsache, dass sie von den Gilets Jaunes positiv aufgenommen wurde, ist wichtig, zeigt es doch, dass der Vorwurf der Rechtslastigkeit nicht zu halten ist.

Mit den urbanen, linken Milieus war das Verhältnis hingegen durchaus problematisch. Oft sind die Gilets Jaunes und die Nuit debout als Gegensätze betrachtet worden. In der Tat können die Unterschiede nicht augenfälliger sein. Die ehemaligen Teilnehmer der Nuit debout – jene Platzbesetzungen, die 2016 als Teil des Protests gegen Hollandes Arbeitsgesetz stattfanden –

sind Stadtbewohner, in der Regel besser ausgebildet und von Geldsorgen etwas weniger geplagt, und sie beherrschen die Diskurse und Codes der kulturell-aktivistischen Szene. Irgendwie gehören sie zu den »Anywheres«. Mit Gesinnungsgenossen aus Berlin oder Seattle können sie mit Sicherheit leichter umgehen als mit ihren Landsleuten aus der Peripherie. Ihr Protest war auch gesitteter, auf gegenderte Etikette wurde peinlich geachtet, alle Minderheiten waren gleichberechtigt repräsentiert, und mitternachts gingen die Platzbesetzer, wie von der Polizei befohlen, nach Hause. Von den Medien war übrigens die Nuit debout im Unterschied zu den Gelbwesten wohlwollend aufgenommen worden. Auch war ihre Entfernung von der etablierten Politik nicht so groß. Ein Initiator, François Ruffin, ist jetzt prominenter Abgeordneter der Linkspartei LFI in der Nationalversammlung. Im Vergleich benahmen sich die Gilets Jaunes wie der Elefant im Porzellanladen. Die Diskurslinke fühlte sich von einer selbstständigen, heterogenen Bewegung, die sich ziemlich wortkarg anschickte, Tatsachen zu schaffen, auf dem falschen Fuß erwischt. Nicht wenige beharrten auf ihrem Urteil, die soziale Krise noch nie gesehenen Ausmaßes, die sich vor ihren Fenstern abspielte, hätte mit ihrem eigenen Anliegen nichts zu tun.

Offenbar manifestierte sich also hier der auch in Deutschland viel besprochene Gegensatz zwischen »Identitätspolitik« und »sozialer Frage«. Im Namen der Diversity, so das Argument, sondere sich eine selbstbezogene, linke Minderheit von den Belangen der breiten Bevölkerung ab. Vor lauter Sorge um moralische Reinheit und Anerkennung minoritärer Lifestyles bliebe die fundamentale Ungleichheit kapitalistischer Verhältnisse unangefochten. Diese Kritik des gegenwärtigen linksliberalen Diskurses ist auch meine.* Nur: Solange kein realer Konflikt stattfindet, bleibt der Widerstreit abstrakt. Wie mit Guilluys Gegenüberstellung von Metropole und Peripherie besteht hier die Gefahr einer künstlichen Frontenbildung. Zwar ist im Gedankengebäude der Identitätspolitik kein Raum für gesamtplebejische Bewegungen vorgesehen, doch in der Praxis ist die Grenze durchlässiger. Zum Glück deckt sich die Zugehörigkeit zu einer kulturellen oder sexuellen Minderheit nicht immer und lückenlos mit ihrem ideologischen Reflex. Selbst wenn sie sich in der Tech- oder Kulturindustrie verdingen, haben viele urbane Linke dieselben zwingenden Gründe wie die Gilets Jaunes, sich gegen Prekarisierung und Ungleichheit aufzulehnen. Wenngleich seinerzeit die Nuit debout nicht imstande gewesen war, sich für breitere Bevölkerungsteile zu öffnen, waren die Gilets Jaunes unspezifisch und

* Guillaume Paoli, *Die lange Nacht der Metamorphose*, Berlin 2017.

inklusiv genug, um ehemalige Nuit-debout-Teilnehmer aufzunehmen, vorausgesetzt, dass diese es auch wollten und sich entsprechend verhielten. Bereits an einem der ersten Pariser Samstage mischten sich ein kunterbunter LGBTI-Block sowie »identitätspolitische« Kollektive und Individuen unter die gelbe Menge. Andererseits werden soziale Konflikte nicht unweigerlich von ihren theoretischen Befürwortern gutgeheißen, wenn sie einmal konkret erfolgen. So freut sich hierzulande der Widersacher moralgetriebener Linkspolitik Bernd Stegemann darüber, dass Deutschland »Gott sei Dank« von explosionsartigem Unmut wie bei den Gelben Westen bisher verschont bleibt.

Insbesondere an der Kunstszene ging das Ereignis mit wenigen Ausnahmen komplett vorbei. Gerade war der fünfzigste Jahrestag des französischen 1968 als vermeintlicher Sieg der Kulturrevolution über den Konservativismus im großen Stil gefeiert worden. Doch stieß die eigene Art des Gedenkens der Gilets Jaunes an Achtundsechzig auf wenig Sympathie vonseiten des modernen Kulturbürgertums. Dem konnte doch kein neuer Lebensstil, keine subversive Kunstform abgewonnen werden! Menschen in Fluowesten fehlt jegliche popkulturelle Distinktion. Sie kommen eben von jenseits der ästhetisierten Zone. Möglicherweise hat die Abneigung psychologisch-familiäre Gründe. Es ist bemerkenswert, dass Autoren wie Didier Eribon und Édouard Louis, die von Anfang an die Gilets Jaunes vorbehaltlos unterstützten, sich explizit auf ihre persönliche Herkunft bezogen. »Wer sie beleidigt, beleidigt meinen Vater«, schrieb Louis. Im Gegensatz zu ihnen hüllten sich Intellektuelle und Künstler in Schweigen, die nicht unbedingt aus der privilegierten Klasse stammen, sich jedoch offenbar ihrer eigenen Herkunft schämen. Aus der Provinz geflüchtet, sind sie stolz auf ihr errungenes kulturelles Kapital. Ihnen gruselt vor der Vorstellung eines Rückfalls in die graue, spießige Reihenhäuserwelt. Hinzu kommen ihre Bedenken, sich von einem liberalen Regime offen zu distanzieren, das allen Exzessen zum Trotz immerhin Kunstfreiheit gewährleistet. Anders als in Orbans Ungarn werden Kulturschaffende ideologisch nicht auf Linie gebracht. Subventionen genügen, um sie ruhigzustellen. Man kann sich dem Eindruck schwer erwehren, dass in diesem Milieu eine Machtübernahme der Rechten vor allem deshalb gefürchtet wird, weil sie mit Theaterschließungen und Förderungsstopps drohen. Gegen diese Horrorvorstellung ist man bereit, sich mit allen mündlichen Unterstützern der »offenen Gesellschaft« zu verbünden, ganz gleich wie ihre Taten ihren Reden widersprechen.

Es zeugt für die Einmaligkeit dieser Situation, dass sie Gruppen und Freundeskreise spaltete, andererseits Menschen zusammenbrachte, die miteinander nichts zu tun hatten. So ist das eben mit Bewegungen. Sie werden von den Unwägbarkeiten der Anerkennung und der Nicht-Anerkennung getrieben. Im Idealfall laufen sie darauf hinaus, dass das, was früher einmal vereint war, nun getrennt und das, was früher einmal getrennt war, vereint ist.

Macronskopie

So nachvollziehbar die Gründe des Zorns sind, die Intensität des Hasses, der auf die Person Emmanuel Macron gerichtet wird, ist verwunderlich. Nicht nur das Amt wird angegriffen, sondern der Träger aus Fleisch und Blut. Auch das ist neu. Früheren Präsidenten gegenüber mochten Franzosen Wut, Verabscheuung, Verachtung oder – wie im Fall Hollande – Fremdscham empfinden, eine solch heftige Aggressivität gab es noch nie. Gewöhnlich werden Politiker eher dafür kritisiert, charakterlos und auswechselbar zu sein. Woher also der Groll? Einfallslose Kommentatoren schieben wie gehabt die Schuld auf die Verrohung der Sprache und die Facebook-Affektschleuder. Von anderen wird »negative Identifikation« vermutet: Weil sie keinen Leader haben wollen, bräuchten Gilets Jaunes die Hassfigur des Leaders, um zusammenzuhalten. Andererseits hat sich Macron selbst wiederholt auf despektierliche Ausfälle eingelassen. Er scheint keine Gelegenheit zu verpassen, auf »die, die nichts sind«, zu schimpfen, diese »reformresistenten Gallier«, »die sich zu viel beklagen«, »Faulenzer, Extremisten und Zyniker«, Arbeitslose, die »nur über die Straße gehen« bräuchten, »um einen Job zu finden.« Was sind aber solche Ausrutscher dem Image des erfrischenden Hoffnungsträgers gegenüber, das von inländischen wie ausländischen Medien bis zum Überdruss destilliert wird? Das weiße Kaninchen, das sich selbst aus dem Hut zauberte. Das Mozart spielende und Hegel lesende Wunderkind, das Peter Altmeier »an den Dichter Rimbaud« erinnert. Der Rebell, der sich gegen die bürgerlichen Konventionen seines Milieus auflehnte, als er sich in seine vierundzwanzig Jahre ältere Lehrerin verliebte. Der Revolutionär, der mit einem Schlag die verkrustete Links-Rechts-Opposition auflöste. Der tapfere Ritter der liberalen Welt, der im Zweikampf die rechtspopulistische Hydra besiegte. Der Visionär, der Europa retten würde, wenn ihm nur die deutsche Kanzlerin folgte. Wie undankbar, wie neidisch, wie zerstörerisch müssen seine Landsleute sein, um diese Lichtgestalt in den Sumpf ziehen zu wollen?

Um das Rätsel zu lösen, soll zunächst festgestellt werden, wofür der Mann eigentlich steht. Da begibt man sich in ein ziemlich hermetisches Universum, von dem einiges zwar bekannt ist, aber selten erzählt wird. Am besten wird das Making-of Emmanuel Macrons mit drei ineinandergewobenen Erzählsträngen beschrieben. Zunächst die Biographie einer balzacschen Figur, eines Rastignac, der, aus seiner bürgerlichen Provinz kommend, »À nous deux Paris!« ruft, komm her, Paris, wenn du dich nur traust! Sehr früh soll sich der Elitestudent für die höchsten Ämter prädestiniert gefühlt haben. An Ambition mangelte es ihm nie, doch um diese zu verwirklichen, fehlten ihm zunächst noch zwei unumgängliche Komponenten: Geld und Beziehungen. Hier setzt die besondere Eigenschaft des jungen Turbokarrieristen ein: seine Fähigkeit, die Gunst älterer, einflussreicher Herren zu gewinnen, die ihm die Türen zu Machtinstitutionen öffnen, in denen er nur so lange bleibt, bis ihm ein weiterer Mentor zu höherem Posten verhilft. An sich keine überraschende Disposition. Nur beabsichtigt Macron nicht, in der Privatwirtschaft oder der Verwaltung emporzukommen. Er will in die Politik, und missachtet dafür alle herkömmlichen Regeln des Betriebs. Um in diesem Feld zu reüssieren, war bislang ein doppelter Weg unumgänglich. Ein Berufspolitiker musste sich durch die Instanzen seiner Partei hocharbeiten, also sich von der Basis kooptieren lassen, temporäre Bündnisse mit seinen Gegnern schließen, im richtigen Moment Freunde verraten und rücksichtlos die Konkurrenz eliminieren. Zudem musste er die übliche »Ochsentour« unternehmen, sprich: sich als Bürgermeister, dann Départementrat, dann als Abgeordneter wählen lassen, dafür Abertausende Hände schütteln, sich mit betroffener Miene die Sorgen seiner Mitbürger anhören und überzeugend Volksnähe vortäuschen. Einen solchen Leidensweg erklärte Macron von vornherein für antiquiert. Seinen Aufstieg verdankt er ausschließlich dem Verkehr mit den Einflussreichen und Mächtigen. Das wird ihm den Ruf des volksfernen »Präsidenten der Reichen« einbrocken. Vor allem verstärkt sein niedriger Erfahrungshorizont die trügerische Gewissheit, alles richtig zu machen. Mit Widersprüchen und Gegenstandpunkten aus dem Leben der anderen wurde er nie konfrontiert.

Nun ist die kometenhafte Laufbahn bloß die halbe Wahrheit. Um zur anderen Seite der Geschichte zu gelangen, ist ein zweiter Erzählstrang nötig. Denn wir ahnen schon, dass Macrons Mentoren ihn nicht aus reiner Liebe für seine blauen Augen großzügig unterstützten. Sie erwarteten eine Gegenleistung und bekamen sie auch. Die (nicht nur finanziellen) Kredite, die ihm zur Macht verhalfen, wurden mit üppigem Zins und Zinsenzins zurückgezahlt. So gesehen wäre die individuelle Karriere bloß ein Mittel, um die Agenda ihrer Förderer zu erfüllen. Es stellt sich also die Frage, wer wen in diesem Spielchen ausnutzt. Die Antwort erübrigt sich mit dem dritten Erzählstrang. Hier kommt über partikulare Beziehungen und gegenseitige Gefallen hinaus ein System zum Vorschein, nämlich das durch den Drehtür-Effekt gewährleistete, inzestuöse Verhältnis von Staat und Kapital. Macron als Produkt dieses Systems zu bezeichnen, wäre noch gelinde gesagt. Er ist ein Fabrikat der Oligarchie.

Unter den drei Herrschaftsformen, die wir von den Griechen geerbt haben, hat der Begriff der Oligarchie eine Sonderstellung. Eine Demokratie wird formell erklärt. Eine Diktatur martialisch verhängt. Dagegen geschieht es nie, dass die vermögende Elite die Legitimität der Machtausübung öffentlich für sich beansprucht. Oligarchie wird ausschließlich von ihren Gegnern benannt. Daher wird die Anwendung des Begriffs stets als tendenziös oder verschwörungstheoretisch abgetan. Nach dem medienüblichen Sprachkodex gibt es Oligarchen allein in Russland. Wie man weiß, sind es ehemalige Sowjetfunktionäre oder Bandenführer, die dank ihrer Nähe zum Staatsapparat und des dadurch begünstigten Aufkaufs von privatisiertem Staatseigentum zu Macht und Reichtum gekommen sind. Natürlich geht es nicht darum, EU-Regierungen mit Putins Russland gleichzusetzen. Doch sind da nicht Ähnlichkeiten feststellbar? Aufgrund der zentralistischen Struktur des Landes ist in Frankreich die konstitutive Lüge des Neoliberalismus, die Marktwirtschaft funktioniere am besten unabhängig von staatlichem Zutun, besonders eklatant. Ihr Vermögen verdanken die Superreichen ihrer Nähe zum

Staat. Das war schon immer der Fall für die Dynastien der Rüstungsindustrie oder die Baumagnaten, die von öffentlichen Aufträgen abhängen. Seit den 1980er-Jahren und der Bekehrung der Regierungslinken zur Unternehmenskultur hat sich jedoch die Tendenz verstärkt. Im Grunde ließ sich bis vor Kurzem die französische politische Landschaft wie folgt charakterisieren: Das bürgerlich-konservative Lager war die Partei des geerbten Vermögens, die Parti Socialiste der Klub der Neureichen. Mit den Umwälzungen der Wirtschaft Ende des 20. Jahrhunderts hatten neue Akteure die Bühne betreten. Angeschlagene Konzerne wurden von unternehmenslustigen Outsidern zum Ramschpreis abgekauft, mit staatlicher Unterstützung saniert, entflechtet und mit Riesengewinn weiterverkauft. Ebenfalls setzte der Aufstieg der Digitalökonomie die Annäherung der Gründer ans politische Personal voraus. Internet- und Mobilfunkanbieter sind ja von der amtlichen Zuweisung von Frequenzen und Lizenzen abhängig. Mit dem rasanten Wachstum der Finanzbranche, das zur gleichen Zeit erfolgte, wurde die Grenze zwischen Geldinstituten und Finanzbehörden immer durchlässiger. Schließlich kommt die Privatisierung von Autobahnen, Flughäfen und sonstigen öffentlichen Einrichtungen Unternehmern zugute, die einen privilegierten Draht zum Wirtschaftsministerium haben. So hat sich eine beschauliche, doch extrem mächtige Clique gebildet, die ganz familiär mit der politischen Klasse verkehrt und mit ihr Posten und Vertrauensleute austauscht. Interessenkonflikte werden nur denjenigen angekreidet, die sich besonders ungeschickt benehmen. Einmal arriviert, stehen die Newcomer dem etablierten Adel in nichts nach, und das ist der eigentliche Sinn des Macron-Moments, der keine Unterscheidung zwischen links und rechts mehr kennt, sprich zwischen Neureichen und Erben. Miteinander mögen alle in Konkurrenz stehen, dem Staat gegenüber haben sie dennoch ein gemeinsames Anliegen: möglichst viele Geschenke zu bekommen. Die Oligarchie selbst beseitigte jeden Zweifel an ihrer Existenz, als sie nach dem Großbrand von Notre-Dame ohne mit der Wimper zu zucken binnen Stunden eine Milliarde Euro für den Wiederaufbau berappte. So offenbarte sich, von wem die Verfügungsgewalt der öffentlichen Hand übernommen worden war. Die Gilets Jaunes kommentierten lakonisch: »Victor Hugo bedankt sich für Notre-Dame de Paris, bittet aber darum, die Elenden nicht zu vergessen!«

Vor diesem Hintergrund lässt sich die Karriere des Emmanuel Macron deutlicher aufzeichnen. Noch ist er mit der Kaderschmiede ENA nicht fertig, als er den altgedienten Unternehmer und Berater der wirtschaftsfreundlichen Linken Henry Hermand kennenlernt, der für ihn eine Art Ziehvater und großzügiger Mäzen wird. Kurz vor seinem Tod sagt Hermand über seinen Schützling: »Ich werde ihn nie fallen lassen! Meine Biografie gibt mir die Legitimität, ihn über die wichtigen Kursbestimmungen zu beraten. [...] So haben wir die Begriffe Sozialliberalismus und Sozialreformismus fallen lassen und durch Progressivismus ersetzt, was Anpassung an Veränderungen bedeutet.« Um nur ein kleines Beispiel für Anpassung und Veränderung zu erwähnen: Hermand war mit der Gründung von Supermärkten reich geworden. Die erste Reform, die Macron unternimmt, als er später Wirtschaftsminister wird, betrifft das Ladenschlussgesetz. Fortan bestimmt die Regierung, wo und mit welcher Häufigkeit sonntags Läden geöffnet sein dürfen. Ein Wirtschaftsmagazin kommentiert damals: »Darauf darf Bernard Arnault, Besitzer des Luxusgüter-Konzerns LVMH und Hauptaktionär des Einzelhandelsunternehmens Carrefour mit Champagner anstoßen.« Seine frühe Bekanntschaft mit Arnault verdankt Macron seiner Frau Brigitte, die zu jener Zeit die zwei Söhne des reichsten Mannes Frankreichs und Inhabers des viertgrößten Vermögens der Welt an einem der exklusivsten Gymnasien des Landes unterrichtet. Beide Familien freunden sich an, zu gegebener Zeit wird sich die Sympathie mit diskreter finanzieller und weniger diskreter politischer Unterstützung konkretisieren.

Ein weiterer Förderer der ersten Stunde ist Xavier Niel, wie der Zufall es will Arnaults Schwiegersohn, der es mit dem Online-Pornodienst Minitel rose nach oben schaffte, ehe er den Internetanbieter Free gründete. Noch war Macron für die breite Öffentlichkeit ein Unbekannter, als Niel ihn Dritten gegenüber als »Frankreichs kommenden Präsidenten« vorstellte.

Als Macron nach Studienabschluss zum Inspektor bei der finanzpolitischen Leitzentrale des Staates befördert wird, imponiert der Neuling seinen Vorgesetzten durch seine bereits weitgefächerten Kontakte zu mächtigen Wirtschaftsakteuren. Als sein Chef Jouyet Staatsekretär wird, überlässt er dem blutjungen Finanzinspektor die inoffizielle Leitung des Amtes. Dazu kommen jene einflussreichen Berater in Einsatz, die seit vier Jahrzehnten ganz gleich welcher Regierung als Propagandisten, Netzwerker und Talentscouts an der Schnittstelle zwischen Staatsdienst und Privatwirtschaft operieren: Alain Minc (der Macron sein »Küken« nennt) und Jacques Attali (der sich brüstet, Macron »erfunden« zu haben). Zu dieser Zeit leitet Attali eine neu berufene »Kommission zur Freisetzung des französischen Wachstums«, wo sich die Creme der Politik, der Finanz und des Unternehmertums versammelt. Ganz selbstverständlich gehört der 30-jährige Schützling dazu.

ON VEUT VIVRE
PAS SURVIVRE
SMIC à 1500€ NET
REVALORISATION DES RETRAITES
STOP
AUX INEGALITES
SOCIALES

DON'T BE A
FOOL
STAND UP AND
FIGHT
TAKE POWER
LGERIAN SUDANESE
ONGKONGERS FRENC
OGETHER

FEMMES
GILETS JAUNES
LE-DE-FRANCE

MACRON
TU PERDS
LA TÊTE
OUVIENS TOI
1789

CARTE ÉLECTORALE
MACRON
SOUVIENS TOI

BLACK
&
YELLOW

OMNIA
SUNT
COMMUNIA

L'ÊTRE
CONTRE
L'AVOIR
À BAS L'ARGENT

Regarde
ta Rolex,
c'est l'heure
de la
Révolution

e ne
eux pas
perdre ma
vie à la
gagner!
17.11.18

RETRAITÉ
SPOLIÉ

ON
LACHE
RIEN

Macron,
démission
FINIT LA
CORRUPTION
C'EST LA
RÉVOLUTION

LE PEUPLE
N'OBTIENT
QUE
CE QU'IL PREND
LOUISE MICHEL

LA LIBERTE
SANS L'ÉGALITÉ
CE N'EST
RIEN

LES FAINÉANTS, les CYNIQUES,
LES ILLettrés, LES GAULOIS RÉFRACTAIRES,
LES GENS QUI SONT RIEN
SONT DANS LA RUE!
1789 - 2018

"Ce GOUVERNEMENT,
je le caractérise d'un mot:
LA POLICE PARTOUT
LA JUSTICE NULLEPART"
Victor Hugo

NUL NE
PEUT
EMPÊCHER
UNE IDÉE
D'AVANCER
R.I.C.
MANU ON ARIU

MON PAVÉ NE
RENTRE PAS DANS
TON URNE !

Nun ist der werdende Staatsmann bereits ein schönes Stück emporgekommen, doch ehe er sich der Politik voll widmen kann, muss er noch schnell Millionär werden. Da kommt die berühmte Zwischenstation bei der Rothschild Bank, die ihm bei seinen Anhängern den Ruf eines »Mozart der Finanz« einbringen wird, bei seinen Gegnern den eines bösen Investmentbankers und bei Antisemiten den einer Marionette des »jüdischen Kapitals«. Die Wahrheit ist etwas nüchterner. Nicht sein Talent wird von Rothschild akquiriert, sondern lediglich sein Adressbuch. Er versorgt das private Geldinstitut mit den reichhaltigen Verbindungen, die er im Staatsdienst geknüpft hatte. Reich wird im Übrigen der improvisierte Investmentbanker mit einer einzigen Vermittlung: der Übernahme der Säuglingsnahrungssparte von Pfizer durch Nestlé, dessen Vorstand Peter Brabeck er zufällig aus der Attali-Kommission kennt. Als François Hollande 2012 die Wahl gewinnt, verlässt Macron die Bank, um, wieder auf Attalis Empfehlung, stellvertretender Generalsekretär des neuen Präsidenten zu werden. Nun sitzt er im Sattel. Wenig später kommt die Beförderung zum Wirtschaftsminister. Die spätere Geschichte ist bekannt.

Oder ist sie vielleicht nicht ganz bekannt? Denn ehe er an das höchste Amt gelangen kann, kommt für Macron noch eine kleine, peinliche Formalität: Er muss gewählt werden. Dafür müssen ihn, den Parteilosen, die Bürger erst einmal kennen. Zu diesem Zweck wird eine schamlose Medienkampagne orchestriert. Monatelang monopolisiert das Ehepaar die Coverseiten der Klatschpresse. Emmanuel und Brigitte am Strand. Emmanuel und Brigitte im Skiurlaub. Der künftige »Präsident der Reichen« gilt einstweilen als »Kandidat der Medien«, bloß: Beide Benennungen bedeuten dasselbe. Hier liegt ein Element, das zum Verständnis Macrons von entscheidender Bedeutung ist und maßgeblich den Oligarchieverdacht erhärtet: In Frankreich sind neunzig Prozent der Presse und über die Hälfte der Fernsehsender im Besitz von ausgerechnet zehn Milliardären! Darunter befinden sich die bereits erwähnten Bernard Arnault und Xavier Niel sowie der Mobilfunkunternehmer Patrick Drahi, der Baumagnat Martin Bouygues oder die Luftfahrt- und Rüstungsunternehmer Dassault und Lagardère. Alle sind Förderer von Macron, haben seine »Bewegung« En Marche tatkräftig unterstützt – und sie sind die Hauptbegünstigten und Gewinner seiner Präsidentschaft.

Journalisten mögen es nicht, auf ihre Eigentümer angesprochen zu werden. Stets betonen sie, ihre redaktionelle Unabhängigkeit sei von Einmischungen der Anteilseigner in keiner Weise beeinträchtigt. Das mag schon sein, wenngleich *Le Monde*-Eigentümer Niel für den Satz berüchtigt ist: »Immer, wenn mir Journalisten auf den Wecker fallen, kaufe ich mir einen Anteil ihres Blattes, dann ist Ruhe.« Dank der Mechanismen freiwilliger Unterwerfung und vorauseilender Anpassung, von Entlassungsangst verstärkt, mag sich eine direkte Einflussnahme erübrigen. Fakt ist jedenfalls, dass die Verflechtung von Regierung, Kapital und Medien nicht berichtet wird. Sie ist der blinde Fleck der Branche. Sobald unabhängige Stimmen darauf hinweisen, wird ihnen Populismus und Paranoia vorgeworfen. Die devoten Leitartikel und willfährigen Berichte über Macron und seine Politik könnten eine dicke Anthologie füllen. In Fernsehsendern, Radios und Zeitungen waltet ein und dieselbe Handvoll Talkmaster und Mediokraten, die durch Herkunft, Ausbildung, Einkommen und Verbindungen ganz selbstverständlich der geschlossenen Gesellschaft der Mächtigen im Lande angehören. Auch für sie sind die Gilets Jaunes ein Stresstest gewesen. Sie konnten nicht verbergen, wie persönlich angegriffen sie sich von der Graswurzelbewegung fühlten, unterbrachen aggressiv und herablassend ihre plebejischen Gäste, scheuten weder vor groben Ablenkungsmanövern noch vor offensichtlichen Unwahrheiten zurück, bemühten sich verzweifelt, Repression und Kompromisslosigkeit der Regierung schönzureden sowie deren Fehlleistungen und Unstimmigkeiten zu vertuschen. Mit dem Ergebnis, dass das Vertrauen in die Medien ein historisches Tief erreicht hat. Nach einer Umfrage aus der Branche sind drei Viertel der Franzosen der Meinung, dass die Medien von der politischen Macht und dem Druck des Geldes gesteuert werden. Vermutlich sind es mehr oder weniger dieselben drei Viertel, die Macron nicht gewählt haben, als auch die, die den Gilets Jaunes ihre Unterstützung erklärten.

Verheerend ist die in sich geschlossene Verquickung von Medien und Oligarchie vor allem für die Regierungstätigkeit selbst. Wie dem Narziss der Mythologie antwortet dem präsidialen Narzisst allein sein eigenes Echo. Niemals geben ihm Medien Gelegenheit, Stimmen aus der Gesellschaft zu vernehmen. Wenn man dem noch hinzufügt, dass der junge Mann immer ausschließlich mit der Machtelite in direkter Verbindung war, ergibt sich eine völlige Abkapselung von der Wirklichkeit in dem Land, das er regieren will. Bereits sein Wahlkampf fand in einer künstlichen Welt statt, wo die Geldspenden seiner Förderer die Abwesenheit einer Anhängerschaft ausgleichen sollten. Es gibt ein geleaktes Video einer seiner Wahlveranstaltungen, das die inszenierte Atmosphäre ganz gut wiedergibt. Macron liest am Teleprompter einen Satz nach dem anderen ab, doch seltsamerweise kommen die Reaktionen seiner bestellten Claqueure immer mit zwei, drei Sekunden Verzögerung. Klatsch- und Zurufbefehle bekommen sie nämlich per SMS zugeschickt. Die Taktik ging nicht richtig auf. Im ersten Urnengang stimmten nur achtzehn Prozent der Wahlberechtigten für Macron. Das machte nichts: Da die gespaltene Linke am Boden lag, stand ihm im zweiten Urnengang die böse blonde Vogelscheuche gegenüber. Erneut konnte die große Show inszeniert werden: Liberalismus oder Barbarei. Bei der Premiere 2002 hatte Chirac gegen Vater Le Pen 82 Prozent der Stimmen bekommen! Schließlich, und wie alle schon vorab wussten, wurde nicht Macron gewählt, sondern Tochter Le Pen verstoßen. Anders als 2002 waren dennoch sechzehn Millionen Wahlberechtigte dem Spektakel ferngeblieben.

Selbst in Frankreich kann das Staatsoberhaupt nicht allein regieren. Es braucht ein Ministerialpersonal, zudem eine parlamentarische Mehrheit. Man möge annehmen, da Macron diese auch bekam, sei er doch demokratisch legitimiert. Nur gingen bei der Parlamentswahl 57 Prozent nicht wählen, auch das ein Allzeithoch. Das Personal der La République En Marche (LREM) besteht zur Hälfte aus Überlebenden der eingestürzten sozialdemokratisch-bürgerlichen Twin Towers, zur anderen Hälfte aus Newcomern wie Macron selbst, ohne jegliche politische Erfahrung, doch aus einem sehr homogenen Biotop. Noch nie saßen in der Nationalversammlung so viele Millionäre. Der Präsident geriert sich als CEO der *Startup-Nation* (sein Ausdruck) und das zeigt zu Genüge wie aus der »demokratischen Revolution«, die er im Wahlkampf versprochen hatte, ein unternehmensübliches Organigramm des Gehorsams wurde. Abweichende Aussagen von Ministern oder Abgeordneten werden vom Präsidialamt umgehend abgeschmettert, keine Debatte wird geduldet, das Parlament ist zu einer Registrierungskammer verkommen, wo die Beschlüsse der Exekutive mechanisch durchgewunken werden.

Alles in allem war Macron denkbar schlecht vorbereitet, um einer schweren sozialen Krise zu begegnen. Auf einmal wird er mit Landsleuten konfrontiert, von deren Existenz er bislang nichts wusste. Ihre Wut begreift er nicht. Sein Sendungsbewusstsein lässt ihm keinen Zweifel: Es hätte keinen Zweck, auf unqualifizierte Menschen zu hören, die von Wirtschaft keine Ahnung haben, ja, nicht einmal fehlerfrei schreiben können. Ein LREM-Abgeordneter gibt die Meinung der präsidialen Mehrheit zum Besten: »Wahrscheinlich sind wir zu intelligent, zu technisch, zu subtil gewesen. Das wurde nicht verstanden.« Dementsprechend kann die Kommunikation nur unilateral erfolgen. Es geht darum, so viele Bürger wie möglich zu beschwichtigen und dem Rest die Lust am Demonstrieren wegzuknüppeln.

Und zwar schnell, denn Macrons großes Reformprojekt kann keine lange Verzögerung verkraften, ohne das Vertrauen der Investoren einzubüßen. Niemals erwägt er, und sei es nur ansatzweise, seinen Kurs zu korrigieren. Anfang Dezember vertraut er Journalisten sein Vorhaben an: »Ich schweiße überall nach, und sobald das Ganze gesichert ist, greife ich wieder an.«

In einer pathetischen Rede an die Nation am 10. Dezember kündigt er erste Zugeständnisse an, doch kommen diese zu spät und zu zaghaft, um Wirkung zu zeigen. Die Erhöhung der Benzinsteuer wird verschoben, nicht aufgehoben. Nicht der Mindestlohn wird, wie gefordert, angehoben, sondern ein vom Staat, sprich vom Steuerzahler finanzierter Zuschlag eingeführt. Alles in allem verschuldet sich der Staat um zehn Milliarden mehr, eine notgedrungene Verletzung der sakrosankten Defizitgrenze, die von EU-Kommission und deutschem Kanzleramt verständnisvoll toleriert wird. So winzig dieser erzwungene Rückschritt zur Nachfragepolitik auch ist, er lässt die Experten ihre Konjunkturprognosen nach oben revidieren, infolgedessen sich die Zeitung *Libération* allen Ernstes fragt: »Retten die Gilets Jaunes die französische Wirtschaft?«

Dann kommt die Komödie der »großen nationalen Debatte«. Alle Staatsbürger bekommen vom Präsidenten höchstpersönlich einen Brief, in dem sie freundlich ermuntert werden, auf einer ad hoc eingerichteten Plattform Reformvorschläge zu machen. Themen sind vorgegeben, ausgeschlossen sind unter anderem die Vermögenssteuer, die Anhebung des Mindestlohns, eine Verfassungsänderung, ja sämtliche Forderungen, die seit Wochen von der Straße verlangt werden. Die Regierung prahlt mit der großen Resonanz dieses »einmaligen Experiments in partizipativer Demokratie«. Bei genauerem Hinsehen lässt sich jedoch der Erfolg stark relativieren. Teilgenommen haben vorwiegend ältere, meist männliche Bürger, die in Städten wohnen, eine höhere Ausbildung haben und über relevantes Eigentum verfügen. Macrons schmale Wählerbasis also, und nicht der Bevölkerungsteil, auf den das Beschwichtigungsverfahren zielte. Die große Debatte findet statt, aber anderswo. Zum Schluss der Operation drei Monate später geben in einer Umfrage die üblichen drei Viertel an, diese sei gescheitert. In der Zwischenzeit ist Doktor Macron durch das ganze Land gereist, um »den Puls der Franzosen zu messen«, besser gesagt, um mit sorgfältig selektierten Bürgern zu reden. Schnell entpuppt sich jedoch der angebliche Dialog als präsidialer Monolog. Im besten Stil Fidel Castros dauern die Propagandaveranstaltungen bis zu sieben Stunden, und sie werden im Fernsehen live übertragen. Der Versuch, die Krise mit einem Diskussionsangebot zu lösen, musste aus zwei Gründen scheitern: Erstens kommen nur Details zur Debatte, an den wirtschaftsliberalen Kurs ist nicht zu rütteln. Zweitens ist das Verfahren ein weiterer *fait du prince,* eine willkürliche, selbstherrliche Entscheidung des Oberhauptes. Dadurch wird die pyramidale Architektur der Macht bekräftigt, die Teil des zu lösenden Problems ist.

Wo Zugeständnisse nicht reichen und Verführungsversuche fehlschlagen, bleiben nur noch die Plastikkugeln. In Eilverfahren verabschiedet, greift das sogenannte »Anti-Randalierergesetz« massiv in die Bürgerrechte ein. Dazu gehören: die präventive Festnahme von potenziell gewalttätigen Demonstranten (die Potenzialität ist dem Ermessen der Polizei überlassen); ein Demonstrationsverbot für Menschen, die nach Auffassung des Polizeipräfekts »die öffentliche Ordnung gefährden« (dieses wird hinterher vom Verfassungsrat als rechtswidrig abgelehnt); die Erfassung besagter Gefährder in einer zentralen Datenbank (ohne Garantie, dass daraus kein Register politischer Opponenten entsteht); die kollektive Verantwortung sämtlicher Teilnehmer einer Demonstration, bei der Gewaltdelikte verübt werden; ein Vermummungsverbot, das auch das Tragen von Taucherbrillen einschließt (beim systematischen Einsatz von Tränengas eine Notwendigkeit). Kurz gesagt: Das Demonstrationsrecht wird mit einem generellen Tatverdacht ausgehöhlt.

Freilich ist das Gesetz keine richtige Überraschung. Unter dem Vorwand des Ausnahmezustands, der infolge der Pariser Terrorattentate verhängt worden war, waren ähnliche Maßnahmen bereits 2016 während der Bewegung gegen Hollandes Arbeitsreform temporär eingeführt worden. Nun ist der permanente Ausnahmezustand in Stein gemeißelt. Übrigens war der Gesetzesentwurf bereits vor den Gilets Jaunes verfasst worden; er wartete in einer Schublade auf die erstbeste Gelegenheit, verabschiedet zu werden. Nicht *Russia Today,* sondern die *Financial Times* kommentiert: «Emmanuel Macron ist auf dem schlüpfrigen Pfad in den demokratischen Despotismus.« Wir bemerken dennoch, wie schweigsam und gefasst dabei die schönen, freiheitsliebenden Seelen Europas bleiben, die sonst lautstark gegen Orban und Erdogan protestieren. Hier zeigt sich die liberale Duplizität in eklatanter Weise. Emmanuel Macron, der sich als Beschützer gegen die rechtsautoritäre Gefahr wählen ließ, etabliert ein liberal-autoritäres Regime, das in der Geschichte des Landes (zumindest in Friedenszeiten) seinesgleichen sucht. Würde Le Pen die nächste Wahl gewinnen (eine unwahrscheinliche, doch nicht undenkbare Option), hätte sie es nicht nötig, neue freiheitsbeschneidende Gesetze durchzusetzen. Diese Arbeit wird ihr Vorgänger bereits geleistet haben.

Es war sicherlich nicht die Absicht der Gilets Jaunes, durch ihren Kampf die »faschistische Fratze der herrschenden Klasse« zu entschleiern, wie einst die RAF es zu tun behauptete. Nur haben sich Macron und sein Team konsequent in eine Ecke hineinmanövriert, aus der die Rettung nur noch mit Gewalt, Lügen und einer Realitätsverneinung orwellschen Ausmaßes erfolgen kann. Letztere hat System. Auf eine Einladung in den Élysée-Palast erteilte der Philosoph und Wirtschaftstheoretiker Frédéric Lordon Macron eine Absage in Form eines offenen Briefs, in dem die Situation so eloquent auf den Punkt gebracht wird, dass er ein längeres Zitat verdient:

Wenn Gesundheitsministerin Agnès Buzyn sagt, dass sie die Zahl der Krankenhausbetten verringert, um die Qualität der Pflege zu verbessern; wenn Arbeitsministerin Muriel Péricaud sagt, die Demontage des Arbeitsgesetzes erweitere die Arbeitnehmerrechte; wenn Hochschulministerin Frédérique Vidal die Erhöhung der Studentengebühren für ausländische Studenten mit der Sorge um finanzielle Gerechtigkeit rechtfertigt; wenn Sie selbst ein Gesetz gegen Fake News als Fortschritt der Presse-

freiheit und das sogenannte Anti-Randalierergesetz als Schutz des Demonstrationsrechts darstellen; oder wenn Sie uns erklären, dass die Abschaffung der Vermögenssteuer einer Politik der sozialen Gerechtigkeit entspricht; dann werden Sie wohl einräumen müssen, dass wir den Bereich der einfachen Lüge längst überschritten haben. Wir sind mitten in der Zerstörung von Sprache und Bedeutung. Unlängst sagten Sie: »Repression, Polizeigewalt, solche Worte sind in einem Rechtstaat inakzeptabel.« Monsieur Macron, Sie sind unverbesserlich. Wie soll ich es Ihnen sagen? Nicht diese Worte sind in einem Rechtstaat inakzeptabel, sondern diese Dinge! Eine Getötete, 22 ausgeschlagene Augen und 5 abgerissene Hände später pudern Sie sich die Perücke zurecht und erklären: »Das Wort Repression mag ich nicht, weil es der Realität nicht entspricht«. Da stellt sich die Frage, und zwar im quasipsychiatrischen Sinne: In welcher Realität genau leben Sie denn?

Selbstverständlich ist hier nicht (oder nicht nur) vom psychischen Zustand des Emmanuel Macron die Rede. Gemeint ist die objektive Lage, die zu solchen Realitätsverdrehungen führt. Die Grundfrage lässt sich sehr einfach stellen, sie lautet: *Wie kann ein Programm durchgesetzt werden, das von drei Viertel der Bürger beständig abgelehnt wird?* Man möge beteuern, wie man will, die Genesungskur sei nicht neoliberal (Wer wagt schon noch, sich positiv auf den Neoliberalismus zu berufen?), und sie hätte »unseren deutschen Nachbarn« so gutgetan, und es gebe sowieso keine praktikable Alternative, man kommt an der Frage der demokratischen Legitimierung doch nicht vorbei. Um den Macron-Moment zu begreifen, muss er in eine längere Sequenz gestellt werden, die zehn Jahre zuvor mit Sarkozy beginnt. Damals erzählt Sarkozys Freund und Arbeitgebervertreter Kessler, Ziel der gegenwärtigen Politik sei die »methodische Demontage des Programms des Nationalen Widerstandskomitees«. Gemeint sind die Gesetze und Institutionen, die 1945 infolge des im Widerstand gegen die Nazis besiegelten Kompromisses zwischen Kommunisten und Gaullisten das Fundament für das französische Sozialmodell bildeten. Der Satz löste damals einen Riesenskandal aus, nicht nur unter ehemaligen Widerstandskämpfern wie Stéphane Hessel. Nichtsdestotrotz setzte die methodische Demontage ein. Sarkozy begann mit dem Abbau des Rentensystems. Dagegen halfen weder Streiks noch Demonstrationen, nur wurde Sarkozy beim nächsten Wahltermin abgewählt. Ein letztes Mal funktionierte die *alternance,* das rituelle Stuhlwechselspiel zwischen Regierung und Opposition. Fortgesetzt wurde dann die Demontage von den Sozialisten unter Hollande und seinem Wirtschaftsminister Macron; trotz heftiger Widerstände wurde das Arbeitsrecht zu Ungunsten der Arbeitnehmer »verschlankt«. Verschlankung erfuhren infolgedessen allerdings auch die Beliebtheitswerte der Socialistes und zwar so sehr, dass die Partei aus der politischen Landschaft so gut wie verschwand. Nur half das Debakel der ohnehin von Korruptionsaffären geschwächten bürgerlichen Opposition diesmal nicht. Eine andere Politik konnte sie wohl nicht anbieten. Selbst bei den dümmsten Wählern hören leere Versprechen irgendwann auf zu greifen. Etwas musste passieren. Damit kein Kurswechsel geschehe, war ein Personalwechsel nötig. Das ist das eigentliche Herstellungsgeheimnis des Macron. Dieser war die letzte übrig gebliebene Option zur Vervollkommnung des Programms, das seine Vorgänger um den Preis ihres politischen Überlebens zu realisieren begonnen hatten. Das erklärt den Eifer, die Überstürzung und die Gewalt dieser Regierung. Macron ist dem Erfolg verpflichtet. Im Fall seines Scheiterns stünde keine Ablösung mehr zur Verfügung. Wahrscheinlich wird er hinterher daran sterben wie die männliche Gottesanbeterin nach der Kopulation. Hauptsache, der Akt ist dann vollzogen. Getan ist getan. Dieser Umstand erklärt wiederum, weshalb die Gilets Jaunes und ihre Verbündeten Macron so hartnäckig zum Sturz bringen wollen. Das ist die letzte Chance, den Vollzug der Demontage noch verhindern zu können.

Krise der Repräsentation, direktdemokratische Irrlichter

Ehe ich zum nächsten Teil übergehe, sei eine persönliche Abschweifung erlaubt. Sobald sich jemand in politische Angelegenheiten einmischt, stellt sich die berechtigte Frage: Wo steht der Autor? Allzu oft versteckt sich hinter pseudo-objektiven Analysen die vorgefertigte Meinung des Verfassers. Selbst wenn alle von mir dargelegten Fakten gut belegt sind, wird der Leser schon vernommen haben, dass ich mich hier nicht um Neutralität bemühe. Jedoch muss ich eine Beichte ablegen: Was Wahlen angeht, bin ich bekennender Ungläubiger. Dafür kann ich nichts, zum Glauben kann man sich nicht zwingen. Ich bin nicht von gestern, kenne alle Argumente, die für das demokratische Wahlrecht sprechen, habe viele Regierungswechsel erlebt, nur: Ganz gleich, wie ich es versuche, es will nicht in meinen Kopf, dass ich an der Volkssouveränität partizipiere, wenn ich alle paar Jahre einen Zettel in die Urne werfe. Auf mich macht das ungefähr denselben Eindruck, als wenn mir ein Priester eine Hostie in den Mund werfen würde. Zur Kommunion fehlt mir die Ehrfurcht. Dieser Agnostizismus ist nicht mit Verdrossenheit zu verwechseln. Mich interessiert die Politik des Landes, in dem ich lebe, so sehr, wie der Ethnologe sich für die Bräuche des Stammes interessiert, den er erforscht. Man muss das Glaubenssystem ernst nehmen, das eine Gesellschaft strukturiert. Doch heißt das längst nicht, dass der Ethnologe sich dieses Glaubenssystem zu eigen macht. Ebenso wenig nehme ich mir vor, Bürger von ihrem Bekenntnis abzuhalten. Ich respektiere es, wenngleich mir ihre immer wiederkehrende Enttäuschung ein wenig leidtut. Was kann ich dafür, wenn mir Sätze wie: »Die Wähler haben sich für eine große Koalition entschieden« wie magisches Denken vorkommen? Wenn ich mich mit Dritten über meine Unfähigkeit zu glauben unterhalte, kommt meistens der Vorwurf, ich stellte alle Parteien und Systeme gleich, und das sei ein gefährlicher Irrtum. Den Eindruck möchte ich umgehend korrigieren: Die Vorteile, in einer parlamentarischen, mehrparteiischen Demokratie anstatt in einer Diktatur zu leben, weiß ich sehr wohl zu schätzen. Ich hätte auch lieber im relativ toleranten Emirat von Cordoba gelebt, als unter der schrecklichen Taliban-Herrschaft. Gerade deswegen, weil ich dort nicht zum Islam hätte übertreten müssen. Ich habe Verständnis dafür, wenn mir Frauen oder Ex-DDR-Bürger erwidern: Das Wahlrecht haben wir uns doch erkämpft! Doch bedeutet das Festhalten an der errungenen Institution nicht unbedingt, dass man dem Sinn der Institution weiterhin Vertrauen schenkt. Nicht wenige Gottesdienstbesucher glauben nicht an Gott. Schließlich, und um einer erwartbaren Frage vorzugreifen: Nein, eine bessere Alternative habe ich nicht parat.

Während der »Jasmin-Revolution« riefen die Tunesier dem Präsidenten Ben Ali »Dégage!« zu, was so viel heißt wie: »Hau ab!« Ihr Wunsch wurde erfüllt, der Autokrat floh nach Saudi-Arabien. Dank dieser Episode wurde die französische Sprache um einen Neologismus erweitert: *le dégagisme.* Als Belgien einmal 541 Tage ohne Regierung blieb und keiner es merkte, erschien dort ein *Manifeste du dégagisme.* Einer der Autoren, Laurent d'Ursel, fasste die Idee wie folgt zusammen: »Der Machthaber wird zum Rücktritt gebeten, aber nicht, weil ein anderer geeigneter wäre, seine Position zu besetzen, sondern einfach um ›hau ab!‹ zu rufen, um das Risiko des Machtvakuums zu nehmen, um dieses Vakuum zu betrachten und dann zu sehen, was passiert.« Alle großen Protestbewegungen des 21. Jahrhunderts sind von einem degagistischen Impuls kennzeichnet. Angefangen mit dem argentinischen Aufstand im Jahr 2001, dessen Parole hieß: *¡Que se vayan todos!* (Sollen sie doch alle gehen!), über den Leitspruch der spanischen Indignados zehn Jahre später: *No nos representan!* (Sie vertreten uns nicht!) bis hin zum jüngsten algerischen Aufstand. Bemerkenswert ist übrigens die spontane, gegenseitige Anerkennung, die im Februar 2019 zwischen Protestern auf beiden Seiten des Mittelmeers stattfand. In Paris riefen Gilets Jaunes nach Abgang des algerischen Präsidenten wie Demonstranten in Algier nach dem des französischen. Die Gilets Jaunes sind ein weiterer Fall von Degagismus, allerdings mit einer ironischen Pointe: Schließlich hatte Macron seine Wahlkampagne mit ähnlichen Sprachelementen inszeniert: Eine Bewegung, weder links noch rechts, sollte die politische Klasse in toto entlassen! Nun soll das Versprechen eingelöst werden. Zwar versuchen sowohl der linke Jean-Luc Mélenchon als auch die rechte Marine Le Pen sich davon auszunehmen (er schrieb ein Buch namens »Lasst sie alle gehen!«, sie rief im Wahlkampf: »Lasst die alle abhauen!«). Doch waren der eine wie die andere zu lange im Geschäft, genossen zu lange Diäten, Spesen und Privilegien des Abgeordnetendaseins, um glaubhaft politische Jungfräulichkeit vortäuschen zu können. Das Besondere am Degagismus ist die reine Negativität. Kein Oppositionspolitiker profitiert davon, es wird kein Regierungswechsel angestrebt, und auch kein vordefiniertes Alternativsystem. Der degagistische Moment kann sehr wohl zur Aufrechterhaltung der bestehenden Regime führen. Nur sind dann die Fäden gerissen, der Elan weg, die Flügel zerbrochen. Selbstverständlich ist Degagismus keine Lösung.

Es ist die Offenlegung einer bisher unterschwelligen Krise und eine dringliche Aufforderung zur realen Veränderung.

In ihren ersten Wortmeldungen bezeichneten sich die Gilets Jaunes als »apolitisch« und meinten damit: Ganz gleich, für wen wir individuell gewählt oder nicht gewählt haben, wir haben gemeinsame soziale Forderungen und lassen uns nicht von der Politik spalten. Die Meinung dürfte bekannt sein, es war die syndikalistische Position, die Anfang des 20. Jahrhunderts bei der Gründung von Gewerkschaften herrschte. Doch schnell veränderten die Gilets Jaunes ihre Wortwahl: Sie seien wohl politisch, aber unparteiisch. Tatsächlich verrät diese Bewegung eine tiefe Sehnsucht nach dem Politischen, doch mit der Überzeugung gekoppelt, von keiner Partei repräsentiert zu sein. In früheren Zeiten wäre diese Leere mit der Gründung einer neuen Partei ausgeglichen worden, wie etwa die deutschen Grünen in den frühen 1980er-Jahren. Der Versuch wurde auch von vereinzelten Gilets Jaunes unternommen, die zur bevorstehenden Europawahl mit einer eigenen Liste kandidieren wollten. Macron und seine Medien waren sehr dafür: Eine weitere Spaltung der Opposition wäre für die Regierungspartei LREM die beste Chance gewesen, nicht zu schlecht abzuschneiden. Vor allem hätte die Gründung einer gelben Partei die Rückkehr zur Normalität bedeutet. Nur wurde das Projekt von der überwiegenden Mehrheit der Protestierenden vehement abgelehnt. Nicht das fehlende Angebot in der existierenden Parteienlandschaft war das Problem. Eigentlich wären die meisten Forderungen der Gilets Jaunes mit dem Programm der La France Insoumise (LFI) durchaus kompatibel gewesen. Dennoch konnte die Linkspartei aus der Protestwelle keinen Nutzen ziehen. Die unparteiische Haltung hat tiefere Gründe: Sie spiegelt die nicht nur in Frankreich virulente Krise des *Parteiensystems an sich* wider.

Die Kritik ist nicht neu. Aus ihrem Londoner Exil schrieb die Philosophin Simone Weil 1940 eine denkwürdige »Anmerkung zur generellen Abschaffung der politischen Parteien«. Im ursprünglichen Verständnis von Demokratie, argumentierte sie, seien Parteien nicht vorgesehen gewesen. Es ging um die Suche nach der politischen Vernunft und um die Sorge für das Allgemeinwohl, jeder für sich ein unteilbarer Begriff. Hingegen spalteten »parteiische Leidenschaften« die öffentliche Meinung. Von Parteimitgliedern sei selbstständiges Denken unerwünscht, Mandatsträger könnten sich nicht je nach Angelegenheit mit dem einen oder anderen Kollegen unabhängig von ideologischen Zugehörigkeiten zusammenschließen. Stattdessen förderten Parteien Disziplin, Herdentrieb und Prinzipienvergessenheit. Laut Weil ist politischer Pluralismus dem Einparteisystem gegenüber einzig aus dem Grund von Vorteil, da sich die jeder Partei innewohnenden totalitären Keime dank der Konkurrenz gegenseitig neutralisieren. Indes werde der prinzipielle Mangel nicht aufgehoben, nämlich dass in jeder Partei Zuwachs als Selbstzweck betrieben werde, wofür alle Mittel recht seien. Es ist nicht Weils Absicht, ein besseres politisches System anzubieten, sondern ihre Überzeugung darzulegen, von politischen Parteien solle unbedingt abgesehen werden.

Freilich haben Weils Einsprüche mit dem Parteienschwund wenig zu tun, der gegenwärtig die alten parlamentarischen Demokratien heimsucht. Wie die Bienen sterben in Europa die Parteien aus. Selbst im stabilitätsverwöhnten Deutschland traut sich niemand mehr von »Volksparteien« zu reden. Wahlerfolge verbuchen zwar momentan die Grünen als Protestpartei der Mitte und die AfD als Sammelbecken für reaktionäre Neurosen, doch ist eine Partei im klassischen Sinne nicht nur ein bloßer Wahlverein. Auch im Alltag sollte sie ihren Mitgliedern Zugehörigkeitsgefühl, Identifikation und Orientierung vermitteln. Historisch gesehen war das besonders für linke Parteien der Fall, ob sozialdemokratisch oder kommunistisch geprägt, darum sind sie von der jetzigen Krise am schwersten betroffen. Ihre Mitglieder versorgten sie mit Freizeitaktivitäten, Jugendorganisationen, Sport- und Gesangsvereinen. Fraglich ist nicht nur, ob das Angebot noch gewährleistet werden kann, sondern vor allem, ob es überhaupt eine Nachfrage dafür gibt. Aller Wahrscheinlichkeit nach hat der Mitgliederrückgang erst begonnen. Noch aktiv sind vorwiegend ältere Menschen, die in ihrer Jugend beigetreten waren und aus Tradition oder Nostalgie weitermachen. Biologisch bedingt wird dieser Vorrat bald versiegen, und die Ablösung fällt dürftig aus.

Die Gründe dafür sind mannigfaltig. Am offensichtlichsten ist die inhaltliche Angleichung von ehemals gegnerischen Doktrinen. Seitdem Sozialdemokraten zum Wirtschaftsliberalismus und Konservative zum Kulturliberalismus konvertiert sind, fehlt es beiden an Profilschärfe. Aufgrund der Auffassung, Wahlen ließen sich in der Mitte gewinnen, sind alle regierungswilligen Parteien in die Richtung jenes imaginären Punkts geglitten, wo Gegensätze durch den statistischen Durchschnitt neutralisiert werden. Allerdings hat die Entschärfung von Lagerbildungen den Bürgern eine mächtige Motivation genommen, politisch aktiv zu sein, nämlich die Abwehr des Gegners. Zwar hat in vielen Ländern die rechtspopulistische Gefahr eine solche Gegenmobilisierung reaktiviert, umso mehr trägt diese schließlich jedoch zur gesteigerten Vereinheitlichung bei. Gegen die rechte Minderheit und ihren Anspruch, »das Volk« zu repräsentieren, stellen Massenzusammenkünfte unter Beweis, dass sie tatsächlich »die Vielen« sind, doch wird Einstimmigkeit nur erzielt, indem alle weiteren ideologischen Differenzen beiseitegeschoben werden. Demonstriert wird hier nur für die Aufrechterhaltung des Status quo.

Hinzu kommen exogene Faktoren ins Spiel. Für Parteiaktivität sind gewisse persönliche Dispositionen vonnöten, die Verbundenheit zu einem Ort etwa, die Bereitschaft, Zeit zu opfern, oder die Selbstverpflichtung zur kontinuierlichen, langfristigen Teilnahme. Mit dem Zuwachs an Mobilitätszwang, Zeitknappheit und Patchwork-Lebensweise sind solche Bedingungen schwer zu gewährleisten. Zudem hat die Digitalisierung eine andere Art von Öffentlichkeit hervorgebracht, schneller, kurzlebiger, auf spezifische, punktuelle Anliegen gerichtet. Es lässt sich doch einfacher eine Online-Petition anklicken, als in einem unbequemen Lokal einer Versammlung mit sich endlos wiederholenden Redebeiträgen beizuwohnen. Überhaupt hat sich die herkömmliche Sphäre des Politischen in viele Teilbereiche zersplittert (Wohn-, Umwelt-, Gender-, Religions-, Rassismus-, Digitalisierungs-, Bildungsfrage usw.), und immer öfter wird in Zweifel gezogen, ob es wünschenswert und gar möglich wäre, all diese Aspekte unter einem Dachverband zu subsumieren.

Infolgedessen wird eine Partei nur noch als Sprungbrett für Karrieristen wahrgenommen, die die meiste Zeit damit verbringen, sich Fraktionskämpfe zu liefern. Deswegen lösen die »Privilegien der Politikkaste« viel mehr Empörung aus, als die unvergleichlich größeren Privilegien der Superreichen, nicht nur bei den Gilets Jaunes. Das politische Geschäft wird als Selbstzweck empfunden, abgekoppelt von ihrer repräsentativen Funktion. Wohlgemerkt, diese Krise betrifft nicht nur die Parteien. Auch Gewerkschaften, Kirchen, NGOs und sonstige Vereine erleben einen ähnlich dramatischen Rückgang. Zusätzlich zum fehlenden Zeitengagement der Bürger und zur bürokratischen Funktionsweise des Betriebs kommt hier eine weitere Komponente, nämlich das Gefühl, solche Organisationen seien nicht mehr imstande, den Lauf der Dinge zu korrigieren. In diesem Zusammenhang ist in Frankreich immer öfter von einer Krise der *corps intermédiaires* die Rede, den vermittelnden Instanzen zwischen Staatsgewalt und Volk. Auch dieses Wort stammt übrigens aus dem Ancien Régime.

Die organisatorische Form, die die Partei zunehmend zu ersetzen behauptet, ist die selbsternannte *Bewe-*

gung. Bereits das Wort suggeriert einen Bruch mit der statischen, schwerfälligen Gestalt der herkömmlichen Partei. Alle neuen Formationen der letzten Jahre stellen sich als Bewegungen dar: Cinque Stelle in Italien, Podemos in Spanien, En Marche und La France Insoumise in Frankreich, DiEM 25 in ganz Europa, nicht zu vergessen die Aufstehen-Fehlgeburt in Deutschland. Der ideologische Diskurs mag ganz verschieden sein, wobei meistens eine Überwindung des Rechts/ Links-Gegensatzes behauptet wird. Doch weisen diese neuen Zusammenschlüsse gemeinsame Züge auf, allen voran, dass sie die politische Landschaft überraschend schnell aufmischen können. Bürgern, die sich von der Politik abgewandt haben, wird die Möglichkeit in Aussicht gestellt, basisdemokratisch mitzubestimmen. Organisatorisch finden diese Bewegungen vorwiegend im virtuellen Raum statt. Alle können sich online anmelden, dort Informationen erhalten, sich austauschen, Vorschläge machen und abstimmen. Selbstverständlich finden auch physische Treffen statt, doch Willensbildung und Entscheidungsfindung vollziehen sich im Wesentlichen digital. Die Software sorgt dafür, dass Politik sich so bequem und unverbindlich betätigen lässt wie Online-Dating. In der Tat sprechen einige Argumente für das Modell. Jeder kennt aus seinem Freundeskreis Menschen, die sich aus biografischen Gründen jeweils einer Partei verpflichtet fühlen, dennoch schnell übereinkämen, um gemeinsame Vorschläge zu formulieren – mehr Investitionen in Infrastrukturen und Schulwesen etwa, verstärkte Kontrolle von Waffenexporten, Glyphosat-Verbot oder Steuererhöhungen für Spitzenverdiener. Würde eine transparteiische Bewegung solche Forderungen erheben, bliebe sie von Loyalitätsdilemmata verschont. Auf diese Weise hätten vielleicht spezifische Maßnahmen mehr Chancen, umgesetzt zu werden, als auf dem prozeduralen Leidensweg durch die Parteiinstanzen und anschließenden Koalitionsverhandlungen. Das wäre die institutionelle Anerkennung der Tatsache, dass gesellschaftliche Veränderung in der Regel von unten kommt und nicht dekretiert wird.

Und doch ist die bisherige Erfahrung mit Bewegungen des neuen Typs ziemlich ernüchternd. Meistens erreichen sie eine ziemlich homogene Schicht von gut ausgebildeten Menschen mit vorhandener politischer Erfahrung. Die digitale Vernetzung ist kein richtiger Ersatz für die vielen polierten Türklinken der alten Parteiarbeit. Vor allem kann das horizontal-demokratische Verfahren so trügerisch sein wie der »demokratische Zentralismus« der kommunistischen Parteien von einst. Zwar mögen unter der labilen Anhängerschaft viele unkonventionelle und gar vernunftgeleitete Vorschläge ausgetauscht werden, doch seltsamerweise setzen sich am Ende immer die Ansichten der führenden Köpfe durch. Weiterhin dominiert die charismatische Figur des Führers, nicht zuletzt indem er den Vorteil einer stetigen medialen Präsenz genießt. Schließlich, wenn sie einmal eine Wahl gewinnen, unterscheiden sich Bewegungen in nichts von anderen Parteien. So entpuppt sich die Krise der Parteien als Krise der repräsentativen Demokratie, zumindest in ihrer jetzigen Gestalt. Dementsprechend wird der Ruf nach direkter Demokratie immer lauter, so vage auch immer die Form ihrer Verwirklichung sein mag. Bemerkenswert ist, dass dieses Verlangen nicht mehr linken Bürgerrechtsbewegungen vorenthalten ist. Auch Rechtsradikale schwärmen von Direktdemokratie. Sie träumen nicht mehr davon, Polen zu überfallen, sondern von einem bukolischen Leben in der Schweiz! Mangels Bergen würden sie sich gern mit Stacheldraht von der globalen Welt abschotten, um permanent unter sich per Volksentscheid abzustimmen. Über eines sind sie sich sicher: Einmal von dekadenten Elementen bereinigt, würde das Volk ganz in ihrem Sinne entscheiden.

So generell die gegenseitige Entfremdung von Bürgern und etablierter Politik auch ist, selbstverständlich variieren Kontext und Erscheinungsformen von einem Land zum anderen. Was Frankreich betrifft, lässt sich die Initialzündung sehr genau datieren. Am 29. Mai 2005 fand ein Referendum zur Europäischen Verfassung statt. Nach Meinung des damaligen Präsidenten Chirac, der schließlich De Gaulles Partei geerbt hatte, konnte der größte Souveränitätstransfer in der Geschichte der Nation unmöglich ohne die explizite Zustimmung der Bevölkerung beschlossen werden. Auch der ehemalige Präsident Giscard d'Estaing, Mitverfasser der EU-Verfassung, fand die Idee ganz gut, das Volk zu befragen, »vorausgesetzt, die Antwort ist Ja«. Ohnehin schien die Sache abgemacht, die Umfragen sagten eine breite Zustimmung voraus, schließlich warben für das Ja Sozialisten wie Liberale, Grüne wie Bürgerliche, Daniel Cohn-Bendit wie Antonio Negri. Auf allen Kanälen wurde ununterbrochen für die Vertiefung der Gemeinschaft geworben. Obendrein mahnte Chirac in einer letzten Ansprache vor der Abstimmung: »Es gibt keinen Plan B.« Dann am Wahlabend der Schock: 55 Prozent der Wähler hatten dagegen gestimmt, 15 Millionen Franzosen hatten sich dem Konsens entzogen.

Das war die große Erschütterung für alle Entscheidungsträger und Meinungsmacher im Lande. Als sie dann begreifen wollten, was geschehen war, kamen sie auf denselben Befund, über den sie dreizehn Jahre später mit der Krise der Gilets Jaunes wiederholt staunen würden: Die Links-rechts-Polarisierung sei einem Konsensblock der Mitte gewichen und würde von sogenannten populistischen Rändern angefochten. Vor allem war die innerfranzösische Spaltung keine rein politische mehr. Die Bruchstelle war einkommensbedingt, für die Verfassung stimmten die Wohlhabenden, die Geringverdienenden dagegen. Und sie war auch geographisch: Die Metropolen hatten eher mit Ja gewählt, die ländlichen Regionen und Kleinstädte eher mit Nein. Folglich wurde von den desavouierten Eliten das inzwischen gewöhnliche Klagelied gegen das »schimmelige« Frankreich intoniert, gegen die vor sich hin dösende Provinz und die veränderungsscheuen Neinsager. Sie, die Jasager, zweifelten nicht daran, auf der richtigen Seite zu stehen, auf der Seite des offenen, progressiven, postnationalen Europas. Mit dem Nachweis ihrer zahlenmäßigen Unterlegenheit bekamen sie dennoch kalte Füße.

In den Wochen vor dem Referendum war ich in Frankreich unterwegs, und ich kann mich gut erinnern, wie bis ins kleinste Dorf über den Verfassungstext leidenschaftlich und doch sachlich diskutiert wurde. Alle Wahlberechtigten hatten das schwer verdauliche Konvolut zugeschickt bekommen und nicht wenige sich damit auseinandergesetzt. Argumente und Gegenargumente wurden abgewogen, Letztere für stichhaltiger befunden. Welche waren es? Zunächst, dass eine Verfassung, die den Namen verdient, nicht von einer Handvoll Technokraten unter sich geschrieben werden sollte, sondern von einer verfassungsgebenden Versammlung. Kaum aus der Taufe gehoben, hatte also das Europa-Projekt ein schweres Demokratiedefizit. Überdies wären nach Inkrafttreten des Textes Nachbesserungen kaum möglich gewesen: Vorgesehen war, dass die geringste Veränderung von allen Mitgliedsstaaten einstimmig beschlossen werden musste. Das gewählte Europaparlament sollte so machtlos und die nicht wählbare Europäische Kommission so machtvoll bleiben, wie sie bereits waren. Vor allem und wider den Geist einer politischen Verfassung wären damit wirtschaftsliberale Prinzipien in Stein gemeißelt worden, allen voran der »freie, unverfälschte Wettbewerb«, ein Euphemismus für die Privatisierung aller öffentlichen Einrichtungen.

In Deutschland wurde kein Referendum für nötig gehalten. Der Verfassungsentwurf wurde im Bundestag mit 95,8 Prozent der Stimmen ratifiziert. Ich kann mich nicht an eine lebhafte Debatte erinnern, kaum jemand setzte sich mit den strittigen Paragraphen auseinander. Die wichtigste strukturpolitische Veränderung seit Gründung der Bundesrepublik ging an den allermeisten Bürgern vorbei. Offenbar bauten sie ihr Vertrauen auf die Devise: Was gut für die EU ist, ist gut für uns. Wie auch immer, mit dem Nein der Franzosen und der Niederländer war die Europäische Verfassung tot geboren. Wie es weiterging, ist bekannt. Zwei Jahre später wurde der Text, paraphrasiert und umgebaut, doch in der Sache unverändert, in »Vertrag von Lissabon« umgetauft und vom Europäischen Rat verabschiedet. Da es jetzt um einen Vertrag und nicht mehr um eine Verfassung ging, erübrigte sich eine Volksbefragung. Die Botschaft war fatal: Ganz gleich, ob ihr unser Vorhaben annehmt oder ablehnt, wir setzen es trotzdem durch. Friss Vogel oder stirb. So waren bereits alle Zutaten vorhanden, die die Vorgänge von 2018 auslösten.

Das Nein der Franzosen hatte ein weiteres Novum offenbart. Zum ersten Mal hatten die Mainstream-Medien die Hoheit über die öffentliche Meinung zugunsten des Internets verloren. Untersuchungen belegten, dass dabei insbesondere ein völlig unbekannter BWL-Gymnasiallehrer aus Marseille, Étienne Chouard, eine maßgebliche Rolle gespielt hatte. Sein Blog, in dem er den Verfassungstext auseinandergenommen und Punkt für Punkt akribisch kritisiert hatte, verbreitete sich viral. Das ist insofern erwähnenswert, als Chouard dreizehn Jahre später eines der wenigen Individuen ist, das auf viele Gilets Jaunes einen Einfluss hat – und nicht unbedingt einen erhellenden. Seine eigenbrötlerische Vorstellung von Direktdemokratie hat die internen Diskussionen eher beeinträchtigt als beflügelt. Doch lässt sich Chouards Beliebtheit nicht allein auf den Umstand zurückführen, dass die Gilets Jaunes Rednern spontan Vertrauen schenken, die niemals Fernsehgäste sind. Anscheinend passte sein Gedankengebäude zu ihrer eigenen Art, sich digital zu vernetzen.

Zur Erinnerung: Begonnen hatte die Bewegung als reines Facebook-Ereignis. Anfang Oktober hatte Priscilla Ludosky eine Petition gegen die Benzinpreiserhöhung online gestellt, die ganz schnell eine Million Unterzeichner erreichte. Zeitgleich hatte Eric Drouet auf seiner Timeline vorgeschlagen, Verkehrskreisel zu blockieren. Mit dem multiplikatorischen Effekt des Mediums wurden massenweise Teilnahmen zugesagt, bald zählte seine eigens zu diesem Zweck gestellte Facebook-Seite über dreihunderttausend Mitglieder – und sie war nur eine von vielen. So geschah es, dass die Gilets Jaunes noch vor ihren ersten Aktionen bereits landesweit eine viel besprochene, virtuelle Existenz hatten. Zudem spielte die digitale Netzstruktur in der anarchischen Gestaltung der Bewegung eine entscheidende Rolle. Sie machte es möglich, auf Sprecher oder Vertreter zu verzichten. Ob in einer Gruppe aktiv oder isoliert, ein jeder konnte sich einklicken und einmischen. Ort, Datum und Verlauf der meisten Aktionen wurden per Online-Umfrage entschieden. Dank der Kommentarfunktion konnten alle verfolgen, wie auf Vorschläge und Informationen reagiert wurde. Allerdings haben die Admins doch eine gewisse, verborgene Macht: Sie können die Aufmerksamkeit der Nutzer lenken, indem manche Beiträge gesperrt, andere »gepusht« werden. Zum Beispiel lässt sich schwer sagen, ob die eindeutige Linkskurve der sehr einflussreichen Facebook-Seite des Eric Drouet der allgemeinen Dynamik zuzuschreiben war oder der persönlichen Entwicklung von Drouet selbst.

Davon abgesehen, ist Facebook bekanntlich ein denkbar schlechtes Medium, um eine nennenswerte Diskussion zu führen. Fast im Sekundentakt gehen gute Beiträge in einem Wirrwarr konfuser, halb garer, emotionaler Meldungen unter, gepostete Videokommentare folgen der Aufmerksamkeitsdynamik der Youtube-Stars, Umfragen lassen nur eine binäre Wahl zu – Social Media eben. So effektiv sie für die Koordinierung von Aktionen sein mag, inhaltlich kann die Logik des virtuellen Netzwerks über den kleinsten gemeinsamen Nenner nicht hinausführen. Freilich fanden Diskussionen im analogen Leben statt, auf Verkehrskreiseln und Straßen, vielerorts auch in Versammlungen. Nur geschahen diese Begegnungen auf lokaler Ebene, ohne sich föderieren zu können. Das wurde in der ersten Phase der Bewegung nicht einmal für nötig gehalten. Die Forderungen waren ja bekannt, alle rechneten damit, dass die Regierung bald einlenken würde. Schnell verflog die Illusion, zumal mit der Zeit die Beschwerden und Ansprüche immer mannigfaltiger wurden. Um dem entgegenzuwirken, wurde nach einer einfachen, einheitlichen Forderung gesucht, die alle weiteren Forderungen enthalten würde. So kam das Begehren nach Volksbegehren.

Der Vorschlag stammt von Étienne Chouard. Nach seiner Vorstellung sollten Volksbegehren über alles entscheiden können: die Schaffung wie die Abschaffung eines Gesetzes, die Entlassung eines Politikers bis hin zu einer Verfassungsänderung. Damit, so die Idee, erübrigen sich die lästigen Auseinandersetzungen um Parteien, Wahlen und Regierungsbildungen. Schließlich ist dann zweitrangig, wer regiert. Mit Volksentscheiden entscheidet das Volk. Nach Chouard wäre das Volksbegehren nur die erste Stufe. Mittleres Ziel sei, basisdemokratisch eine neue Verfassung zu schreiben (zu diesem Zweck organisiert er »verfassungsgebende Workshops«). Nach dem Beispiel der alten Griechen plädiert er dafür, die politische Klasse gänzlich durch Bürger zu ersetzen, die mittels Losverfahren ausgewählt und jederzeit abrufbar wären. Doch zunächst einmal soll das RIC eingeführt werden, das *Référendum d'Initiative Citoyenne* (will heißen: beschlossen aus der Initiative einer vorbestimmten Zahl von Bürgern und nicht von der Regierung). Die Idee erhielt große Zustimmung. Auf einmal wurden auf Warnwesten und Transparenten die drei Buchstaben RIC omnipräsent. Man brauchte nur das Allheilmittel einzuführen, um alle übrigen Forderungen durchzusetzen, von der Erhöhung des Mindestlohns über den Abtritt Macrons bis hin zur Abschaffung der fünften Republik!

Die Idee ist schon deswegen absurd, weil die fünfte Republik bereits abgeschafft sein müsste, damit es überhaupt zu einem solch ausgedehnten RIC käme. Aber es ist uninteressant, die Realitätsferne des RIC zu betonen. Aufschlussreicher ist, die politischen Illusionen aufzuzeigen, die hinter dieser Forderung liegen. Irgendwie ist das RIC die Fortsetzung des sozialen Netzwerks mit anderen Mitteln, eine Facebookisierung des Politischen. Alle Auseinandersetzungen sollen mit einer binären Entscheidung gelöst werden. *Like* oder *dislike, leave* oder *remain.* Gerade der Brexit hat gezeigt, wie ein Referendum komplexe Fragen verkürzt und entstellt. Wofür oder wogegen wurde entschieden? Gegen die EU in ihrer aktuellen Gestalt oder gegen die EU überhaupt? Gegen die Verschlechterung der eigenen Lage, die der EU zugeschrieben wird, gegen die undemokratischen Verordnungen aus Brüssel oder vielleicht gar gegen die erpresserische Reduzierung einer komplexen Frage zu einer manichäischen Alternative? Von manchen Gilets Jaunes war zu hören: »Wenn wir das RIC hätten, müssten wir nicht jeden Samstag auf die Straße gehen.« Welch eine hinreißende Vorstellung von Selbstermächtigung! Jeder sitzt vereinzelt vor seinem Computer und braucht nicht mehr mit anderen Argumente auszutauschen. Die Wahlurne wird durch den Mausklick ersetzt, bestehen bleibt der abstrakte, isolierte Bürger. Weiterhin herrscht die statistische Mehrheit, ohne Rücksicht auf Minoritäten und lokale Begebenheiten. Das Volk ist die Gesamtheit der Nutzer innerhalb der nationalen Grenzen. Aber das Problem ist nicht nur, dass eine glückliche Entscheidungsfindung ein paar Dinge voraussetzt wie Bildung, Aufklärung, den Zugang zu verlässlichen Informationen und die Zeit, sich damit auseinanderzusetzen. Im Grunde verrät die Forderung nach dem RIC einen naiven Glauben an die Autonomie des Politischen. Die Politik könnte alles verändern, wenn sie es nur wollte – darum die Wut auf die Politiker, die es nicht tun. Ignoriert wird dabei die Macht der Lobbies, der Technostruktur, der Oligarchie und überhaupt die globale Dynamik der Kapitalvermehrung. Dagegen können Referenda allein nicht helfen. Vielleicht ist der Glaube an die Allmacht des Willens eine französische Besonderheit, die mal das Beste, mal das Schlimmste hervorruft. Mit Blick auf die Französische Revolution meinte bereits der junge Marx: »Der politische Verstand ist eben politischer Verstand, weil er innerhalb der Schranken der Politik denkt. Je geschärfter, je lebendiger, desto unfähiger ist er zur Auffassung sozialer Gebrechen.«

Was die Forderung nach direkter Demokratie angeht, sind allerdings repräsentative Institutionen das falsche Adressat. Niemand würde je auf die Idee kommen, den Vorstand eines Großkonzerns um die Abschaffung der Lohnarbeit zu bitten. Direkte Demokratie kann nicht gefordert, nicht zugestanden, sondern bestenfalls von ihren Befürwortern selbst praktiziert werden. Ein entsprechender Vorschlag kam aus Commercy – bis dahin war die Kleinstadt allein für ihre Madeleines bekannt, die Marcel Proust so sehr erfreuten. Die dortigen Verkehrskreiselbesetzer riefen alle Gilets Jaunes des Landes dazu auf, Volkskomitees zu gründen:

Orte, an denen das Recht auf freie Rede herrscht, wo man sich ausdrücken kann, wo man lernt, wie man sich gegenseitig hilft. Wenn es schon Repräsentanten geben muss, dann nur auf lokaler Ebene in den Volkskomitees, wo man näher an der Stimme des Volkes ist. Mit impera-

tivem, wechselndem Mandat, das wieder entzogen werden kann.

Die enorme Resonanz ermutigte das gelbe Komitee von Commercy, einen zweiten Aufruf zu veröffentlichen, um zu einem nationalen Treffen der lokalen Vollversammlungen einzuladen. Erklärtes Ziel war es, »uns demokratisch zu koordinieren, unsere Forderungen zu sammeln und gemeinsam zu präsentieren«, ferner »zu diskutieren, wie es mit unserer Bewegung weitergeht.« Das hörte sich vielversprechend an. Plötzlich wurde die Erinnerung an die alte Rätedemokratie wachgerufen, an Murray Bookchins Theorie des libertären Munizipalismus, an ähnliche Experimente in Chiapas und Westkurdistan. Zumindest konnte man hoffen, die bisherigen Beschränkungen und Unklarheiten der Gilets Jaunes durch direkten Austausch zu überwinden. So trafen sich Ende Januar Delegierte von 75 Ortsgruppen im Gemeindesaal von Commercy. Es fand ein notwendiger Informationsaustausch statt, über die demokratische Gestaltung der Diskussion wurde viel diskutiert und eine hoffnungsfrohe Erklärung wurde verfasst. Dennoch hinterließ die Versammlung einen ambivalenten Beigeschmack.

Von linken Intellektuellen, Medien und Gruppen, die sich bisher gegenüber den Gilets Jaunes distanziert bis ablehnend verhalten hatten, wurden der Aufruf von Commercy willkommen geheißen. Endlich fanden sie ihnen vertraute Bezugspunkte wieder. Bezeichnenderweise waren dort Gruppen aus Paris und unmittelbarer Umgebung überrepräsentiert, die bei den Samstagen in der Hauptstadt kaum präsent gewesen waren. Offensichtlich hatte sich auch die Nuit debout eine Gelbweste angezogen. Schnell dominierten die prozeduralen Codes der urbanen Diskurslinken im starken Kontrast zu den informellen, oft gar nicht politisch korrekten Wortmeldungen auf Verkehrskreiseln. Bei der »Versammlung der Versammlungen« waren die meisten Gilets Jaunes nicht vertreten. Das lässt sich dadurch erklären, dass sie ununterbrochen Aktionen organisierten, aber keine Versammlungen, im Gegensatz zu den Parisern in Gelbwesten, die jede Menge Plena organisierten, aber keine Aktionen, es sei denn »symbolische«. Im Aufruf von Commercy war von »Stärke durch Diversität« die Rede gewesen, womit gemeint war, dass die lokalen Belange nicht in eine einheitliche Form gegossen werden dürften (das RIC zum Beispiel). Nur hieß jetzt Diversität die wiederholte Beteuerung, man sei weder rassistisch, sexistisch noch homophob. Schön und gut, doch herrschte eine gewisse Déjà-vu-Atmosphäre. Die originelle Bewegung schien weit weg, ihre Heterogenität von einem Schwall gut gemeinter Prinzipien und Erklärungen überschwemmt. Die guten Menschen von Commercy, die das Treffen initiiert hatten, zogen sich in ihre Hütte zurück.

Die Angelegenheit ist kompliziert. Selbstverständlich ist nichts dagegen einzuwenden, wenn Menschen sich einer Bewegung anschließen, die sie in der ersten Phase mit Argwohn betrachtet hatten. Es gibt keine Kriterien, um »wahre« von »falschen« Gilets Jaunes zu trennen. Wer eine Warnweste anzieht, gehört dazu, so hat es der informelle Zusammenschluss ja gewollt. Ohne Zweifel müssen sich die Teilnehmer auf irgendeine Art strukturieren, um nach dem anfänglichen Wunder kollektive Entscheidungen treffen zu können. Dabei ist es unumgänglich, dass Menschen, die auf vorhandene Erfahrungen zurückgreifen können, mehr Einfluss auf die Versammlung haben mögen, als politische Neulinge. Aber was haben die besagten Erfahrungen vorzuweisen? Alle Bürgerbewegungen und linken Initiativen der jüngsten Vergangenheit sind beständig gescheitert. Das, was Aktivisten bei den Gilets Jaunes anzog, war gerade die Kraft der praktischen Tat, die sie selbst jahrzehntelang vergeblich zu entwickeln suchten. Insofern war der Eindruck schwer zu vermeiden, es braute sich da ein paralleles Unterfangen zusammen, das mit der ursprünglichen Bewegung nur entfernt zusammenhing. Allerdings wurde auf tonangebenden Facebook-Seiten der Gilets Jaunes die »Versammlung der Versammlungen« so gut wie nicht aufgegriffen. Unter den vielen Themen, über die in Commercy wieder und wieder geredet wurde, fehlte das wichtigste: Wie könnte die kulturelle und kommunikative Kluft zwischen den Versammelten und dem Großteil der Bewegung überwunden werden? Vielen war diese Diskrepanz durchaus bewusst, sie gaben gerne zu, nicht repräsentativ zu sein, sondern dem »linken Flügel« der Bewegung anzugehören. Doch was bedeutete das für diejenigen, die sich im selben Augenblick auf den Straßen mehrerer Städte der Konfrontation mit der Polizei stellten? Waren sie einem »rechten Flügel« zuzurechnen? Eher als die Gegenüberstellung von links und rechts schien sich hier die Diskrepanz zwischen Wort und Tat zu manifestieren.

Als Anfang April die zweite »Versammlung der Versammlungen« in Saint-Nazaire tagte, waren um die zweihundert lokale Gruppen vertreten, ein nicht nur quantitativer Fortschritt zu Commercy. Inzwischen war allen klar, dass die akute Phase der Krise in einen dauerhaften Zustand übergegangen war. Oder wie es ein Teilnehmer meinte: »Wir hatten uns auf ein Sprintrennen eingestellt und nehmen jetzt an einem Marathonlauf teil.« In Saint-Nazaire erklärten die Delegierten, Vorschläge aus den Basisgruppen föderieren und selbst Akzente setzen zu wollen. Sie beabsichtigten, die Mobilisierung über Wochen und Monate im Voraus zu planen, Bündnisse mit anderen Gruppen zu vertiefen, unter anderem mit den Umweltbewegungen. Im Juni traf sich eine weitere Versammlung in Montceau-Les-Mines, die ähnliche Absichtserklärungen beschloss. Wahrscheinlich wird das Streben nach lokaler Verankerung und überregionaler Koordinierung fortdauern. Wer weiß, ob nicht eine neue Form der Vereinigung am Entstehen ist, die sich sowohl von Parteien als auch von Gewerkschaften abheben würde? Dennoch ist die Gefahr eines organisatorischen Leerlaufs noch lange nicht gebannt. Um auf die Direktdemokratie zurückzukommen: Häufigster Grund ihres Scheiterns ist die Ermattung der meisten zugunsten einer worttrunkenen Minderheit. Ob diese überwunden werden kann, hängt vom gegenseitigen Verhältnis zwischen deliberativer Instanz und ortsgebundener Praxis ab. Doch die Gunst des Augenblicks währt nur kurz.

Das ist nur ein Kampf, der Anfang geht weiter

In dieser spannenden und überraschungsreichen Serie war die 18. Episode ein eindeutiger Wendepunkt. Nicht, wie von vielen Kommentatoren behauptet, dass die Folge besonders gewalttätig gewesen wäre – es sei denn, die Gewalt gegen Sachen wird als gravierender bewertet als die körperliche. Doch liefen an diesem 16. März verschiedene dramaturgische Fäden zusammen, die den Beginn einer neuen Staffel einzuleiten schienen, falls die Geschichte nicht so überraschend endet, wie sie begann. An diesem Tag ging die *grand débat national* offiziell zu Ende, und damit hatte die Macron-Gang ihr ganzes rhetorisches Pulver verschossen, ohne viele Bürger zu treffen. Die Outlaws in Gelbwesten feierten hingegen den Abschluss des vierten Monats ihrer Saga, allerdings mit gemischten Gefühlen. Sicherlich war es bereits ein Sieg, ganze achtzehn Wochen im Kreuzfeuer der Lüge und der Brutalität einer unvergleichlich stärkeren Macht durchgehalten zu haben. Andererseits war die nie enden wollende Fortsetzung ein Resultat der Unnachgiebigkeit des Gegners. Offensichtlich warteten die Macroniten einfach darauf, dass sich die Bewegung totläuft und einer nach dem anderen abspringt, bis der letzte Zuschauer auf ein anderes Programm umgeschaltet haben wird. Ein Happy End wäre das für niemand, das Übel würde fortbestehen, doch immerhin wäre das Symptom weg. Darum war von beiden Seiten eine Steigerung der Konfrontation gewollt.

Wieder einmal fand die zentrale Kundgebung auf den Champs-Élysées statt. Wieder einmal erschienen die Black Blocks, jene junge Männer, die keine Organisation bilden, sondern sich an ihrer schwarzen Kleidung erkennen und Konfrontation mit der Polizei systematisch suchen. Bisher waren die Menschen in Schwarz bei den Menschen in Gelb verschrien und verdrängt gewesen, aus Furcht vor Instrumentalisierung und Provokation. Aber an diesem Tag wechselte die Stimmung schlagartig. Eine oft geäußerte Meinung lautete: Wenn wir friedlich bleiben, werden wir zusammengeschlagen; wenn kein Auto brennt, wird nicht berichtet. Von den Zehntausenden, die auf der prächtigen Avenue eingekesselt waren, wurden diesmal die Black Blocks als Verbündete freundlich aufgenommen. Als diese anfingen, Juwelier- und Schokoladengeschäfte zu plündern und die Beute unter der Menge zu verteilen, versuchte niemand mehr, sie davon abzuhalten. Auch nicht als das Restaurant Fouquet's verwüstet wurde und anschließend in Flammen aufging. Die meisten Franzosen assoziieren mit dem Nobeletablissement den Wahlsieg von Sarkozy, den er dort mit seinen Oligarchenfreunden privat gefeiert hatte – damals ein erster Affront gegen republikanische Gepflogenheiten. Wie zu erwarten löste der Vorfall eine enorme Empörung bei Medien und Politik aus. Eine Schlagzeile von vielen lautete: »Das Abendland wurde von Nihilisten attackiert!«

Nun konnte die Regierung behaupten, es finde kein Protest mehr statt, sondern nur noch verbrecherischer Krawall. Eine Fortführung sei ohnehin zwecklos, weitere Zugeständnisse werde es nicht geben. Urplötzlich änderte sich das Mainstream-Narrativ, um in den Tenor der Rechtspopulisten einzustimmen. Alle Meinungsmacher entdeckten ihre nachträgliche Sympathie für die Verkehrskreiselbesetzer des vergangenen Novembers. Leider seien die »ursprünglichen Gilets Jaunes« von gemeinen linksradikalen Chaoten verdrängt worden, die den legitimen Protest usurpatorisch gekappt hätten und gegen die nun härtestes Vorgehen geboten sei. Ein Besuch der virtuellen Netzwerke der Bewegung reichte aus, um feststellen zu können, dass ein solches Auswechseln nicht stattgefunden hatte. Es waren wohl zum großen Teil dieselben Teilnehmer, nur verbitterter. Zum ersten Mal sprach sich in einer Umfrage eine Mehrheit der Bevölkerung gegen die

Fortsetzung der Aktionen der Gilets Jaunes aus, nicht jedoch gegen ihre Ziele. Das war eine weitere Überraschung: Die Taktik der Spannung half der Regierung nicht weiter. Ordnungsliebende Bürger, ja selbst die Inhaber der beschädigten Läden warfen ihr weiterhin ihre Unfähigkeit vor, eine politische Lösung zu finden.

Dennoch wurde von jenem Tag an evident, dass die bisherigen Druckmittel nicht mehr genügen würden, um das Kräfteverhältnis noch ändern zu können. Nach dem 16. März nimmt die Repression weiter zu. An verschiedenen Orten werden Versammlungen ganz verboten. Richter werden angewiesen, härtere Strafen zu verhängen – mittlerweile sind zweitausend Gerichtsurteile verhängt worden, um die achthundert Protestanten sitzen im Gefängnis. Zudem wird die rechtliche Möglichkeit geprüft, verurteilten Gilets Jaunes die Sozialleistungen zu streichen. Mehr als Zahlen geben Einzelfälle das Ausmaß der behördlichen Wut wieder. Hier wird eine körperlich behinderte Frau wegen Waffenbesitz angeklagt – gemeint ist ihr Rollstuhl. Dort wird eine 73-jährige pazifistische Demonstrantin ins Koma geprügelt, obendrein erhält sie vom Präsidenten höchstpersönlich eine Strafpredigt: »Wer sich Ruhe wünscht, muss sich verantwortlich verhalten!« Rechtsverfahren werden gegen kritische Medien und Journalisten eingeleitet, Pläne zur Internetzensur geprüft, wobei die Regierung selbst mit der Verbreitung von Fake News nicht zimperlich umgeht. Den Vogel schießt Innenminister Christophe Castaner ab, als er verkündet, Gelbwesten hätten »ein Krankenhaus attackiert«. Kurz darauf wird er vom Pflegepersonal dementiert: Die Gelbwesten hatten einfach Schutz vor einem Polizeiangriff gesucht. Sogar regierungsfreundlichen Meinungsmachern wird es zunehmend peinlich, für solch unverhohlene Staatslügen zu bürgen. Doch allmählich werden die Gilets Jaunes aus den Schlagzeilen verschwinden. Es nimmt nicht wunder, dass immer mehr Menschen Versammlungen aus Furcht meiden, gedemütigt, festgenommen oder verletzt zu werden. Erstaunlich ist eher, dass Tausende trotz alledem das Samstagsritual im April, im Mai, im Juni (und wahrscheinlich weiter) fortsetzen werden; aus Trotz, aus Unwille nachzugeben, in der Hoffnung eines Neuanfangs. Unterdessen sind alle Verkehrskreisel nun geräumt, die Hütten in Nacht-und-Nebel-Angriffen zerstört worden. Einmal die Spuren beseitigt, kann eine Rückkehr zur Normalität vorgetäuscht werden.

Symptombekämpfung kann auch närrische Züge haben. Am 1. Mai 2019 wurden in Paris eingekesselte Demonstranten von der Polizei aufgefordert, vor dem Verlassen des Platzes ihre Gelbwesten abzugeben. Weste weg, Problem gelöst! Die Maßnahme war umso sinnloser, dass just an jenem Tag der Arbeit etwas Unerhörtes geschah: Die Gilets Jaunes gewannen die Oberhand über den offiziellen Gewerkschaftsumzug. Behördliche Anforderungen, Letzteren von »potenziellen Unruhestiftern« abzusondern, erwies sich als unpraktikabel. In Paris und noch mehr in anderen Städten mischten sich gewerkschaftlich organisierte Arbeitnehmer spontan mit Gilets Jaunes und Black Blocks zusammen, alle riefen dieselben Parolen nach »Revolution« und gegen die Polizei. Letztere trug zum Schulterschluss bei, indem sie Rot-, Gelb- und Schwarzgekleidete undifferenziert angriff. Zum ersten Mal hatten Gewerkschaftsführungen die Kontrolle über ihr jährliches Protestfest verloren. Insbesondere für die CGT-Leitung war die neu entstandene Situation eine Herausforderung. Bei ihrem Nationalkongress wenige Tage später fühlte sie sich zur Selbstkritik gezwungen. Man habe sich zu wenig um Beschäftigte mit ungeschütztem Status gekümmert, vertrete stattdessen sektorielle Nischen mit einem dramatischen Mitgliederschwund zur Folge. Allerdings zeigte sich die verbleibende Basis umso unnachgiebiger. Immer lauter forderte sie eine Abkehr von der Sozialpartnerschaft wie sie die CGT anstrebte und zugunsten des anpassungsfreundlicheren Französischen Demokratischen Gewerkschaftsbunds CFDT zusehends verlor. Offenkundig vermochten weder Verhandlungen noch rituelle Aktionstage die fortschreitende Verschlimmerung des Arbeitslebens aufzuhalten. Im Gegensatz dazu hatten die Gilets Jaunes immerhin einen dreifachen Erfolg vorzuweisen: die Dauerhaftigkeit ihrer intensiven Präsenz, die Möglichkeit, sich ohne Befehle einer Leitung zu mobilisieren, und die Fähigkeit, die Linien zu bewegen. Schließlich drehte sich seit ihrem Entstehen die ganze Innenpolitik Frankreichs um sie. Dies mag eine erste Auswirkung dieser Bewegung sein: Klassenkampfrhetorik und militante Arbeitskonflikte nehmen zu, ganz gleich unter welcher Westenfarbe.

Zurück zu jenem entscheidenden 16. März: An dem Tag hatte sich eine weitere mögliche Entwicklung abgezeichnet. Zeitgleich mit den Geschehnissen auf den Champs-Élysées fand anderswo in Paris ein Klimamarsch statt. Auch viele Gilets Jaunes nahmen teil, die auf Tränengas und Plastikkugeln keine Lust mehr hatten. Im Unterschied zu anderen Klimamärschen in Europa beschränkte sich die Massendemonstration nicht darauf, einen quasi-religiösen Appell an die gesamte Menschheit zu richten, etwas für die Umwelt zu tun. Konkret wurde die Untätigkeit der Regierung angeprangert. Der kämpferische Charakter wurde dadurch verstärkt, dass sich aus den Banlieues ein Marsch gegen Polizeigewalt anschloss. Auch Algerier nahmen teil, aus Solidarität mit dem Aufstand in ihrem Herkunftsland. Nur entschieden die Organisatoren, den Demonstrationszug in die entgegengesetzte Richtung von den Champs-Élysées laufen zu lassen, zur Enttäuschung vieler Teilnehmer, die das als Distanzierung und gar als Missbilligung interpretierten. Das ist umso bedauerlicher, als Klimademonstranten von den Gilets Jaunes einiges lernen könnten. Massenblockaden von Flughäfen, Häfen und emissionsstarken Betrieben würden eine praktischere Wirkung erzielen als Protestrituale. Von Anfang an hatten die Verkehrskreiselbesetzer betont, die »Sorge um das Ende der Welt« und die »Sorge um das Ende des Monats« seien nicht trennbar. Nun formiert sich innerhalb der Umweltbewegung eine von der Lobby des Green Business kräftig unterstützte Tendenz mit der Absicht, diese gefährliche Verbindung zu verhindern. Harmlose Festivals, Bürgerlisten in Kommunalwahlen und, wie sie selbst sagen, »ziviler Neugehorsam« gehen daraus hervor. Hier bahnt sich eine Auseinandersetzung an, von deren Ausgang vieles abhängt. Es ist die Frage, ob sich die angesichts der Umweltkatastrophe wachsende Ungeduld mit symbolischen Protesten besänftigen lässt.

Am Montag nach dem 18. Akt bestellte Macron sechzig Intellektuelle in den Élysée-Palast. Sie entblödeten sich nicht, die Einladung auch wahrzunehmen. Es war erbärmlich zuzusehen (selbstverständlich wurde das Spektakel live übertragen), wie die gelehrten Höflinge ihren Gastgeber endlos reden ließen, ohne die geringste Vorhaltung zu machen. Im Gegenteil: Pascal Bruckner, Autor von *Die demokratische Melancholie,* forderte den Präsidenten auf, härter gegen den »schleichenden anarchofaschistischen Staatstreich« vorzugehen. Da war er auf einer Linie mit dem Philosophen Luc Ferry, welcher kurz davor im Radio die Polizei darum gebeten hatte, gegen die »Arschlöcher von rechts, von links und aus den Banlieues« endlich von ihren Schusswaffen Gebrauch zu machen. Ferry ist Autor von *Der Mensch als Ästhet: Die Erfindung des Geschmacks im Zeitalter der Demokratie.* In ihrem Grab drehten sich Zola, Sartre und Deleuze angewidert um. Wer das intellektuelle Niveau der Gilets Jaunes beklagt, darf nicht über das Niveau der Intellektuellen schweigen. Immerhin retteten 350 Akademiker die Ehre ihres Berufstands, als sie ein paar Tage später einen gemeinsamen Aufruf veröffentlichten:

Wir erklären uns zu Komplizen aller kommenden Zusammenkünfte der Gilets Jaunes, seien diese genehmigt oder nicht. [...] *Angesichts der exponentiellen Zuspitzung des Autoritarismus der Macht und der Institutionen, rufen wir alle Freunde der Freiheit dazu auf, vor der Repression keinen Zollbreit zurückzuweichen und sich dagegen zu organisieren.*

Kurz darauf unterschrieben 1500 Künstler und Kulturschaffende eine ähnliche Solidaritätsbekundung. Freilich kamen solche Aufrufe recht spät. Es bleibt zu hoffen, dass kritische Intellektuelle sich nicht darauf beschränken werden, die Repression des Aufstands anzuprangern. Auch die Zustände, die zum Aufstand geführt haben, sollten ausführlich ergründet werden. Es tut not, die Unerbittlichkeit der Gilets Jaunes in die Theorie zu übertragen. Praktische Solidarität würde aber auch heißen, dass Austausch auf Augenhöhe stattfindet. Die Bewohner der Peripherien haben gute Gründe, gegenüber Stimmen aus politischen, akademischen oder kulturellen Kreisen misstrauisch zu sein. Dafür sind vereinzelte Versuche von Intellektuellen gelungen, die aus ihrer Komfortzone getreten sind und Gilets Jaunes getroffen haben. Auch in diesem Sinne wäre mehr Bewegung wünschenswert.

Währenddessen wird die Rückkehr zur Normalität aufwendig inszeniert. Dafür kam die Europawahl im Mai 2019 recht gelegen. Noch weniger als in anderen Ländern hatte der Termin mit der EU zu tun. In der Hoffnung, das unrühmliche Blatt seiner ersten Regierungszeit endlich wenden zu können, führte Macron seine Liste erneut als einzige Rettung vor den Rechtsnationalen vor. Ihrerseits hofften die Rechtsnationalen, aus der allgegenwärtigen Anti-Macron-Stimmung

Kapital schlagen zu können. Das Duell war ein totaler Flop. Die Nichtwähler einmal mitgerechnet, gaben über achtzig Prozent der Wahlberechtigten weder der einen noch der anderen Liste ihre Stimme ab. Obwohl nur ein Zehntel für die Rechtspopulisten abstimmten, konnten sich diese als Sieger behaupten, da alle anderen noch miserabler abgeschnitten hatten. Ein Rechtsruck sieht anders aus! Die eigentliche Lehre dieses Nicht-Ereignisses zieht die Philosophin Barbara Stiegler:

Die Strategie einer binären Opposition zwischen Progressivismus und Populismus ist gescheitert. [...] *Mitnichten reflektieren die Wahlergebnisse alles Unerhörte, radikal Neue, was im letzten Halbjahr in unserem politischen Leben geschehen ist. Wo sind die Gelbwesten in den Wahlurnen zu finden? Nirgends.*

Mehr denn je scheint sich also die etablierte Politik in einem Paralleluniversum abzuspielen. Die Unsichtbaren sind in die Dunkelheit zurückverdrängt worden. Nicht jedoch in die Vereinzelung, die bis zu ihrer Erhebung ihr Los gewesen war.

Noch fehlt der zeitliche Abstand, um die eigentliche Tragweite dieser einmaligen Bewegung einschätzen zu können. Undenkbar ist es nicht, dass sie so folgenlos bleiben wird wie Bauernaufstände in archaischen Gesellschaften, obschon im Gegensatz zu jener Zeit diese Epoche alles andere als stabil und immobil ist. Allerdings ist der unmittelbare Ausgang nicht so wichtig. Dem Mai 1968, der ja viel kurzlebiger gewesen war als der Aufstand der Gilets Jaunes, folgte ein historischer Wahlsieg der Konservativen. Nichtsdestotrotz waltete sein freiheitlicher Geist über das darauffolgende Jahrzehnt. Selbst Kinder von damals wurden ihr Leben lang davon geprägt – und ich weiß, wovon ich rede. Es ist also davon auszugehen, dass die jüngere Generation diese Erfahrung niemals vergessen wird, an der sie ja auch aktiv teilgenommen hat. Und es geht nicht nur um die Jugend. Monatelang haben sich Menschen verschiedener Altersgruppen, Regionen und Lebenslagen getroffen, sie haben miteinander kommuniziert, ein gemeinsames Anliegen entdeckt und sich einem mächtigen Druck widersetzt. Sie haben gezeigt, dass es eine andere Alternative als Rechts- oder Linkspopulismus gibt. Populismus kommt immer von außen her, es ist der elitäre Versuch, »die Massen zu erreichen«. Die Massen brauchen keine Chantal Mouffe, um sich selbst zu erreichen. Man kann sich über naive Vorstellungen lustig machen, die zuweilen unter den Gilets Jaunes kursieren mögen, aber waren 1968 das Verlangen nach einer Volksregierung oder maoistische Delirien weniger skurril? Und sind heute akademische

Diskurse hilfreicher, die an der gesellschaftlichen Wirklichkeit munter vorbeigehen? Geben wir es zu: Was kollektive Selbstermächtigung angeht, sind wir alle wie Kleinkinder, die zu brabbeln anfangen müssen, um sich das Sprechen beibringen zu können.

Unlängst staunten Kommentatoren, als in einer weitgefächerten Umfrage vier von zehn Franzosen (und immerhin ein Fünftel der Deutschen) angaben, eine »Revolution« sei »die einzige Lösung«. Natürlich bedeutet eine Umfrage nicht viel, natürlich hat niemand den leisesten Schimmer, wie eine Revolution auszusehen hätte. Weder die fröhliche Lässigkeit noch die lyrische Illusion der 1968er sind uns gegönnt. Aber das ist nicht der Punkt. Das, was hier zum Ausdruck gebracht wird, ist kein Trachten nach irgendwelcher Utopie, sondern eine Abwehrreaktion gegen die fortschreitende Dystopie. Gerufen wird nicht: »Auf zum letzten Gefecht!«, sondern: »Völker, hört die Alarmsignale!« Nicht so sehr der Status quo wird angegriffen, dessen Fortbestehen ohnehin noch utopischer ist als postkapitalistische Träumereien. Angefochten werden Dynamiken, die sich gegenseitig verstärken und im Begriff sind, sowohl das Noch-Bestehende als auch das Begehrenswert-Mögliche zu zerstören; die tödliche Kombination von sozialer Ungleichheit, politischem Autoritarismus und Umweltkatastrophe. Es hat sich herumgesprochen, dass die herkömmlichen Instanzen weder willig noch fähig sind, diese unheilvollen Prozesse in den Griff zu bekommen. Dass Frauen und Männer ohne Eigenschaften sich damit nicht abfinden wollen, ist auf jeden Fall eine gute Nachricht. So lückenhaft und verbesserungsbedürftig ihr Versuch der Selbstermächtigung auch sein mag, seine schiere Existenz bringt ans Licht, was dem Management der Gesellschaft fehlt. Der liberale Konsens hat seinen Anschein von Unschuld verloren. Nichts ist wiederhergestellt.

Dem deutschen Leser ein Nachwort

Über französische Zustände zu berichten, hat seine Tücken. Bei jeder geschilderten Situation ahnt der Verfasser, wie seine Leser reagieren werden. Ob mit Bestürzung oder Bewunderung, alle werden unweigerlich denken, dieses Land sei nun einmal radikal anders. Die einen werden seufzen, das Sorgenkind sei hoffnungslos unreformierbar und gefährde die Stabilität Europas, die anderen darüber lamentieren, dass die Deutschen unfähig seien, wie ihre Nachbarn auf die Barrikaden zu gehen. In beiden Fällen ist die Schlussfolgerung dieselbe: So etwas könnte hier nicht passieren! In der Tat sind viele Phänomene, die in den vorigen Kapiteln angesprochen worden sind, frankreichspezifische Besonderheiten, um nicht zu sagen: Anomalien. Das monarchische Präsidialsystem der fünften Republik ist überkommen. Die Polarisierung zwischen Präsidentenlager und Opposition verhindert die Ausarbeitung von Kompromissen zwischen Parteien. Staatslenker, Topunternehmer und Mediokraten kennen sich alle von der Eliteschule und gehören über alle Differenzen hinweg zur selben geschlossenen Gesellschaft. Kein Monat vergeht, ohne dass Fälle von Korruption, Interessenkonflikten oder Machtmissbrauch bekannt gemacht werden, die offensichtlich nur die Spitze des Eisbergs sind und meist ohne Konsequenzen bleiben. Auffällig ist außerdem, dass zehn Oligarchen die Medienlandschaft kontrollieren. Solche Besonderheiten erklären aus deutscher Sicht, dass die gegensätzlichen Kräfte innerhalb der französischen Gesellschaft immer auf Konfrontationskurs gehen, anstatt sich den bequemen Vorteilen der Konsenskultur hinzugeben. Da vermittelnden Instanzen kein Verhandlungsspielraum gewährt wird, werden Konflikte auf der Straße ausgetragen, ihre Lösung der Polizei überlassen. Anstatt deeskalierend zu wirken, greifen die Ordnungskräfte wiederum zu entsetzlicher Gewalt und rufen Gegengewalt hervor.

Aus alle diesen Besonderheiten erklärt sich, weshalb Franzosen viel häufiger rebellieren als die Deutschen. So zumindest die übliche Analyse. Sie ist nicht neu. Bereits 1968 fragte sich der *Spiegel,* wie die Studentenrevolte dort im Unterschied zu Deutschland in einen wilden Streik von zehn Millionen Arbeitern münden konnte. Die Antwort wurde gleich mitgeliefert: Schuld sei De Gaulles archaisches Regime gewesen. Ob damals wie heute institutionelle Erklärungen zutreffend sind oder nicht, sei dahingestellt. Denn nicht die Antwort ist problematisch, sondern die Frage. Wilhelm

Reich hatte auf dieses systematische Bias hingewiesen: Experten wollen verstehen, warum Menschen zuweilen aufbegehren. Dabei bleibt das viel größere Rätsel ungelöst, warum sie in der Regel nicht aufbegehren. Die Annahme wird für selbstverständlich gehalten, im Normalfall gebe es keinen Grund für Dissens. Revolten seien Akzidentien, die auf eine behebbare Störung der sonst gut funktionierenden sozialen Maschinerie zurückzuführen seien. Keine unerhebliche Annahme. Dadurch wird ein prinzipielles Einverständnis mit der Gesellschaft in ihrem jetzigen Zustand erläutert. Aus dieser Perspektive können Ausbrüche des Volkszorns nur als irrational und unnötig beklagt werden. Umgekehrt betrachtet ergibt sich jedoch eine andere Sichtweise. Angenommen, die Gesellschaft sei von einem grundlegenden Konflikt gekennzeichnet, der mit institutionellen Mitteln nicht lösbar sei, dann müssten gerade die Mechanismen untersucht werden, die diesen Konflikt in latentem Zustand wahren. Nicht die Ausnahme wird infrage gestellt, sondern der Regelfall. Mit anderen Worten: Das zu lösende Rätsel liegt nicht jenseits, sondern diesseits des Rheins.

Mittlerweile lebe ich länger in Deutschland als in Frankreich, und doch ist mir bisher das hiesige Machtgefüge ziemlich schleierhaft geblieben. Die französischen Zustände sind lesbarer, Teile des Puzzles lassen sich leichter ineinanderfügen. In Deutschland durchschaue ich nicht so richtig, wie sich die Eliten genau reproduzieren. Die politische Klasse scheint ein gewisses Maß an Selbstständigkeit gegenüber dem Geldadel zu behalten, wobei die Verflechtung von Staat und Kapital nicht minder evident ist als in Frankreich – siehe der ungeahndete Skandal mit Cum-Ex-Geschäften. Niemand wird wohl glauben, dass das Land eine Oase der Tugend sei, doch scheint Korruption hier, wie soll man sagen, geschickter zu erfolgen. Obwohl sich im Gegensatz zu Frankreich die Medien nicht direkt im Eigentum führender Unternehmer befinden, ist die Transparenz deswegen nicht größer. Und wenn ausnahmsweise Vergehen der Wirtschaft bekannt werden, schlagen diese auch keine großen Wellen. Aber selbstverständlich geht es nicht um Einzelfälle von Betrug, Machtmissbrauch und Steuerhinterziehung. Spätestens seit Macron ist vollkommen sichtbar, dass all diese Fälle ein *System* bilden, dessen strukturelle Grundlagen landesübergreifend sind. Man muss also folgern, dass der Unterschied allein an der größeren Opazität der deutschen Gesellschaftsreproduktion liegt.

Auf alle Fälle ist die Besonderheit der französischen Machtstruktur kein überzeugendes Argument. Schließlich hat das Präsidialsystem für das neoliberale Projekt auch Vorteile. Der autoritäre Archaismus begünstigt die autoritäre Modernisierung. Vor allem hat die dort führende Klasse keinen sehnlicheren Wunsch, als die Agenda 2010 endlich nach Frankreich zu importieren. Seit Jahren schauen sie neidisch auf die östlichen Nachbarn, fühlen sich von deren vorwurfsvollem Blick gekränkt, schämen sich für ihre reformresistenten Landesgenossen. Wie einfach könnte doch alles sein, wenn nur die Franzosen Deutsche wären! Im Grunde erheben sich die Gilets Jaunes gegen die Agenda 2010. Hier wäre wieder die zu lösende Frage nicht, warum sie es tun, sondern warum die Deutschen es nicht taten. Man mag sich über Macrons arrogante Ausfälle echauffieren, vergessen wir aber nicht Gerhard Schröders triumphierenden Schrei von damals: »Wir haben einen der besten Niedriglohnsektoren aufgebaut, den es in Europa gibt!« Wenn das keine gut platzierten Tritte von Niedriglohnbeschäftigten in Gelbwesten verdient hätte!

Da wären wir beim noch häufiger postulierten Unterschied zwischen beiden Ländern: Entscheidend seien nicht die Institutionen, sondern der Nationalcharakter, ob genetisch bedingt, historisch oder sozialpsychologisch. Franzosen sehnten sich nostalgisch nach der verlorenen Grandeur, hieße diese Sozialstaat, Revolution oder unpasteurisierter Camembert, anstatt realistisch und unaufgeregt nach vorne zu schauen.

Wenn nationale Mentalitäten tatsächlich so prägnant sind, sieht es jedoch für das Europäische Projekt ziemlich schlecht aus. Es ist sonderbar, dass Bundesbürger, die sich selbst als postnational denkend verstehen, sämtliche Probleme Europas auf das Nationalgefühl der Griechen, der Italiener, der Briten oder eben der Franzosen zurückführen. Postnational, das wäre einzig die nationale Eigenschaft der Deutschen. Gefährlich an solch überheblichen Behauptungen ist, dass sie wiederum eine gewisse Germanophobie nähren, wie sie sich bei Politikern wie Mélenchon und Intellektuellen wie Emmanuel Todd hörbar macht, nach dem Motto: Wir lassen uns nicht von den Deutschen diktieren, wie wir zu leben haben.

Allerdings wird auch die Völkerpsychologie von Bundesbürgern bemüht, die neidisch auf die französischen Unruhen blicken. Um zu wissen, was des Volkes Stimme dazu sagt, kenne ich keine bessere Quelle als die Kommentarspalte unter Artikeln der Springer-Medien. Man staunt, auf wie viel Sympathie die Gilets Jaunes bei Lesern von *Bild* und *Welt* trafen. Offenbar spielt da ein Stellvertreter-Effekt, ein Die-trauen-sich-was mit, ähnlich der Begeisterung gesetzestreuer Bürger für Gangsterfilme. Unweigerlich kommt dann die Klage über die Untertanenmentalität des Deutschen Michel. Da darf Lenins Zitat mit den deutschen

Bahnhofsstürmern nicht fehlen, die sich davor eine Bahnsteigkarte kaufen, zuweilen durch die Behauptung aktualisiert, demonstriert werde in Deutschland nur, wenn Feine Sahne Fischfilet ein Gratiskonzert dazu gibt. Die Selbstgeißelung hat etwas von einer Self-fulfilling Prophecy. Manchmal stelle ich mir vor, was passieren könnte, wenn sämtliche Bürger, die die deutsche Unfähigkeit, aufzubegehren, beklagen, an einem Ort versammelt wären?

Auf alle Fälle kann man das häufig vorgebrachte Argument nicht gelten lassen: »Uns geht's noch zu gut!« In Deutschland leben noch mehr *working poor* als in Frankreich, der Mindestlohn ist niedriger, die Prekarität größer, die Sozialausgaben des Staates geringer. Die Kluft zwischen Stadtzentren und Peripherien wächst rasant, der soziale Fahrstuhl ist defekt, die Sparbremse lässt Schulen und Infrastrukturen verkommen, mit einem Wort: Alle objektiven Zutaten für sozialen Sprengstoff sind vorhanden. Was die subjektiven Bedingungen betrifft, sei daran erinnert, dass die Gilets Jaunes gerade aus jenem Bevölkerungsteil kamen, von dem ausgegangen wurde, es sei mangels Tradition, Bewusstsein und Opportunitäten unfähig, sich zusammenzuschließen und aktiv zu werden. Es besteht also kein Grund, prinzipiell auszuschließen, dass es auch in Deutschland eine ähnliche Bewegung geben könnte, obwohl sie sich natürlich an vielen Punkten vom französischen Modell unterscheiden würde. Nachahmungsversuche, die mancherorts unternommen wurden, waren zum Scheitern verurteilt. Ohnehin scheint auch hierzulande eine neue außerparlamentarische Opposition am Entstehen zu sein. Insbesondere auf die Jugend wirkt die existenzielle Herausforderung des Umweltwandels als Bewusstseinsbeschleuniger ein. Unbezahlbare Mieten bringen immer mehr Stadtbewohner dazu, die Enteignung der Enteigner zu fordern. Offensichtlich ist das sprichwörtliche Bohren dicker Bretter der Parteipolitik nicht mehr in der Lage, auf die Ungeduld der Bürger zu antworten. Nach gefühlten hundert Jahren Großkoalition wächst das Sehnen nach einem fundamentalen Wandel. Trotz aller letztlich oberflächlichen Unterschiede zu Frankreich ist also die Stimmungslage durchaus vergleichbar.

Umso unheilvoller die Rolle der hiesigen Medien. Wenn sie amtliche Fake News, tendenziöse Berichterstattungen, Verleumdung und Klassenverachtung verbreiten, haben französische Journalisten zumindest eine Entschuldigung. Das wird von ihren Eigentümern verlangt. Wenn deutsche Journalisten das alles unkritisch weiterleiten, gibt es Erklärungsbedarf. Freilich sind auch gute Reportagen und ehrliche Deutungsversuche erschienen, doch im Großen und Ganzen wurde Medienkonsumenten eingeflößt, die Gilets Jaunes seien nichts anders als eine rechtsradikale, antisemitische, hirnlose und brutale Zusammenrottung. Hier wieder zeigt sich, dass die französische Besonderheit, in diesem Fall die von zehn Oligarchen kontrollierten Medien, eher zweitrangig ist. Durch ihre Herkunft, ihre Ausbildung, ihre soziale Position, ihre vorgefertigte Meinung und den Konformitätsdruck ihrer Redaktion sind deutsche Journalisten bereit, dieselbe Propagandaarbeit freiwillig zu verrichten. Doch bedenklicher noch ist, wie den verzerrenden Darstellungen in linken wie liberalen Milieus ohne Wenn und Aber Glauben geschenkt wurden. Sie entsprachen ihren Vorurteilen, ihrer ideologischen Erstarrung, ihrer Angst vor den Massen, wurden also ohne kritische Distanz für wahr gehalten. Folglich ist für den Fall einer sozialen Bewegung hierzulande damit zu rechnen, dass sich gegen sie ein Teil der Linken in Stellung bringen würde. Deswegen sei zum Schluss wiederholt: Die Erklärung dafür, dass die Gilets Jaunes zu keinem monströsen Gebilde wurden, sondern zu einem originellen, mannigfaltigen und egalitären Experiment, liegt darin, dass genug vorurteilsfreie Menschen sich einmischten und sich als Gleiche erkannten.

GUILLAUME PAOLI, 1959 in Frankreich geboren, lebt in Berlin und war Mitbegründer der Glücklichen Arbeitslosen, deren Manifeste 2002 unter dem Titel *Mehr Zuckerbrot, weniger Peitsche* erschienen, sowie Hausphilosoph im Leipziger Theater. Bei Matthes & Seitz Berlin erschien zuletzt sein Buch *Die lange Nacht der Metamorphose. Über die Gentrifizierung der Kultur.*

PLEIN LE DOS ist ein Kollektiv, das seine Arbeit folgendermaßen selbst beschreibt: »Angesichts der unterdrückten Schreie eines missachteten Frankreichs arbeitet unser Kollektiv daran, das Echo jener Nachrichten, die alle Gelbwesten mit sich tragen, zu sammeln, einzuordnen, zu archivieren und zu verstärken. Und weil jede Gewalt gegen dieses Aufbegehren der Bürger ein Unrecht ist, verwenden wir den Gewinn aus unserer Arbeit für die bei den Protesten verletzten Gelbwesten.«
www.pleinledos.org

Erste Auflage Berlin 2019

MSB Matthes & Seitz Berlin Verlagsgesellschaft mbH
Göhrener Straße 7, 10437 Berlin
info@matthes-seitz-berlin.de

FOTOGRAFIEN: www.pleinledos.org
UMSCHLAG UND SATZ: Pauline Altmann, Berlin
DRUCK UND BINDUNG: Beltz Grafische Betriebe, Bad Langensalza
ISBN: 978-3-95757-805-1

www.matthes-seitz-berlin.de